여행길에 만나는
신앙 인물

여행길에 만나는 신앙 인물

© 생명의말씀사 2025

2025년 9월 25일 1판 1쇄 발행

펴낸이 | 김창영
펴낸곳 | 생명의말씀사

등록 | 1962. 1. 10. No. 300-1962-1
주소 | 서울시 종로구 경희궁1길 6 (03176)
전화 | 02)738-6555(본사)·02)3159-7979(영업)
팩스 | 02)739-3824(본사)·080-022-8585(영업)

지은이 | 김재욱

기획편집 | 서지연
디자인 | 김혜진
일러스트 | 김재욱
인쇄 | 영진문원
제본 | 다온바인텍

ISBN 978-89-04-16933-7(03230)

김재욱

온 가족을 위한 기독교 문화유산 탐방기

여행길에
만나는
신앙인물

생명의말씀사

따르고 싶은 하나님의 사람들,
여행길에 만나다

이번에 신앙 인물들의 삶과 그들의 족적을 돌아보는 이 책을 출간하게 된 것을 하나님께 감사드리며 개인적으로도 기쁘게 생각합니다. 이 책이 여행지에서, 혹은 나들잇길에서 귀한 신앙의 멘토들을 만나는 작지만 알차고 소중한 안내서가 되기를 바랍니다.

모든 책을 쓸 때마다 많은 준비가 필요하지만, 이 책은 어떤 책보다 많이 직접 취재하고 자료를 수집하면서 직접 교차 검증했습니다(AI 도구는 활용하지 않음).

올해 봄부터 초여름까지 전국을 누비며 신앙 위인들의 흔적들을 찾았습니다. 서울은 물론 안산, 강화, 인천, 당진, 서천, 천안, 홍천, 양구, 신안, 여수, 순천, 부산, 창원, 그리고 그 주변 도시들까지 다니며 자료를 모았습니다. 가능하면 직접 찍은 사진들을 싣고, 조금이라도 유용한 정보를 드리기 위해서였습니다. 기념관과 유적지마다 친절히 맞아주시고 설명해 주신 관계자분들과 해설사님들께 감사드립니다.

취재 여행에 매번 동행해 준 아내에게 고맙고, 상하이에 다녀오면서 임시정부 청사 사진을 보내준 딸에게도 고맙다는 말을 남깁니다.

참고 자료와 제가 찍지 않은 사진이나 역사 자료들은 뒤에 출처를 밝혔습니다.

인물 선정의 기준은 물론 주관적이겠지만, 우선 기독교 신앙에 가장 가깝다고 생각하는 분들입니다. 또한 지역별로 방문할 만한 장소가 있는 분들입니다. 순교자, 독립운동가, 외국인 선교사, 교육문화계 인물 등을 최대한 고르게 선정했습니다.

우선 메인이 되는 인물의 유적지를 지역 기준으로 소개하고, 그의 삶을 돌아보았습니다. 그다음으로 가까운 곳에 함께 둘러 볼 만한 장소들을 소개했습니다. 그리고 해당 인물에 대해 알아볼 수 있는 다른 장소들을 안내했습니다. 이 장소들은 비슷한 지역일 수도 있지만, 전혀 다른 지방일 수도 있습니다.

독자님들 중에는 사람을 기리는 일들과 동상 같은 조형물에 거부감을 느끼는 분도 있을 줄 압니다. 저 역시 그런 일을 경계합니다. 우리는 오직 예수님만을 기억하고 기념해야 할 사람들이며, 사람을 높이거나 형상으로 만드는 일은 지양해야 합니다. 다만 기념관과 기념물은 기독교인들만이 기획과 제작에 참여하는 것이 아니기 때문에 일반적 기념관의 형태를 띠는 경우가 많습니다. 또한 이분들은 우리가 볼 때는 귀한 신앙인이지만, 한편으로는 온 국민의 독립운동가, 교사, 지도자, 그리고 위인이기에 기독교의 시선으로만 볼 수는 없다는 한계도 있습니다.

실제로 다녀보면 이분들이 남긴 유품 같은 것은 많지 않습니다. 자신들이 한 일을 알려달라고 하지도 않을 것입니다. 그들은 살아서 자기 삶에 최선을 다했을 뿐이며, 누가 자신을 위인으로 칭송하면 역정을 내실 수도 있습니다. 그러므로 우리도 그분들을 우상시하거나 과하게 떠받들 필요는 없습니다. 오직 하나님께 감사하고 영광을 돌리면서 본받으면 됩니다. 그러나 이분들을 기록하는 일은 필요할 수 있습니다. 성경에도 귀하게 쓰임 받은 인물들이 등장하고, 역대 왕들 중 하나님의 뜻을 따른 선한 왕들은 물론 악한 자들까지, 그들이 한 일을 남겼습니다. 무엇이든지 이전에 기록된 것은 우리의 배움을 위해서라고 했습니다(롬 15:4 참고). 우리도 역사를 잘 기록하고 다음 세대에 교훈으로 물려줄 필요가 있다고 생각합니다.

물론 이분들이 살던 시대는 성경이나 신학 이론 등의 체계가 덜 잡혀서 지금 생각하는 신앙과 여러 부분에서 조금 다를 수 있다고 봅니다. 그런 점들을 감안해서 보시면 좋을 듯합니다. 하지만 순수한 면에서는 오히려 오늘날보다 더 생명력이 있는 복음과 실천적 신앙이었던 면도 있어 보입니다.

이 책은 여행길에 가까운 기독교 유적지가 있으면 방문해 좀 더 의미있는 여행이 되도록 돕고자 합니다. 물론 일부러 찾아갈 수도 있습니다. 그런데 독자들께서 기념관과 유적지를 다니다 보면 기대에 다소 못 미치는 곳도 있을 것입니다. 모든 시설은 설립과 관리에 계속 비용이 들어갑니다. 지자체의 지원을 받는 곳도 있지만, 그렇지 못한 장소들도 있으니 그런 부분을 감안하시면 좋겠습니다. 외형보다도 각 인물이 한 일들과 그분들의 마음을 느껴보는 시간으로 삼으면 좋겠습니다. 그러기 위해서는 장소를 찾기 전에 해당 인물의 삶을 먼저 돌아보시기를 추천합니다.

책을 집필하다 보니 얼마나 많은 분이 방방곡곡에서 많은 이웃과 기독교 신앙을 지키기 위해 애썼는지 새삼 깨닫게 됩니다.

은둔의 나라를 빛으로 깨우기 위해 무작정 먼 길을 나선 선교사들, 빼앗긴 나라를 되찾기 위해 자기 자리에서 고군분투한 독립운동가들, 타인을 위해 자신의 삶을 던진 신앙인들, 하나님을 배신하지 않기 위해 목숨을 내놓은 목회자들 … 그들의 삶을 추적할 때마다 그런 고난의 세월을 어떻게 살았는지, 참으로 존경스러웠습니다.

한 분 한 분이 우리의 어버이 같았고, 때론 친구나 형제자매, 또 애틋한 자식 같기도 했습니다. 곁에서 배우고 싶은 스승님, 평생 따르고 싶은 참 목자도 있었습니다. 존경할 만한 멘토들이 사라져가는 시대에, 이분들에게서 참된 롤모델을 찾아보시기 바랍니다. 그리고 그들이 남긴 유산을 다 함께 기억하며 다음세대에 전하고, 조금이나마 본받아 살아가기를 원합니다. 이 땅에 생명의 복음을 보내시고, 소중한 사람들을 보내주신 하나님의 크신 은혜에 감사드리며, 모든 영광이 하나님께 있기를 바랍니다.

2025년 9월 김재욱 올림

인천 · 경기

강원

부산·경남

그리고 제주

기독교 유적지 방문 Tip

- 기념관과 박물관은 휴관일과 문을 여닫는 시간이 저마다 다릅니다.
  휴일에 여는 곳도 있고, 월요일에 쉬는 곳도 있으며, 하절기와 동절기
  오픈 시간이 다를 수 있으니 홈페이지 등을 통해 시간을 꼭 확인하고 가세요.

- 마감 시간 전 최소 15~20분 전에 입장하시길 권합니다.
  공원이 있는 곳이나 교회, 생가터 같은 곳은
  마감 이후에도 둘러볼 곳이 있으니 계획을 잘 세워보세요.

- 입구에서 잊지 말고 안내 책자와 제공하는 관련 자료를 챙기세요.

- 정숙하고 경건한 마음으로 관람 방향을 따라가면서 살펴봅니다.

- 방명록 작성은 각 기념관의 존속과 운영, 발전에 도움이 됩니다.
  개인정보 기입 없이도 가능하니 꼭 작성해 주세요.

서울

눈물을 흘리며 씨를 뿌리는 자는
기쁨으로 거두리로다 (시 126:5)

강남구 도산안창호기념관
중구 배재학당역사박물관
용산구 오산중고등학교
서대문구 언더우드가기념관

서울 볼거리

경복궁 / 덕수궁 / 창덕궁 / 서울숲공원 / N서울타워 / 북촌 한옥마을
롯데월드 / 한강시민공원 / 인사동 문화의거리 / 국립중앙박물관 등

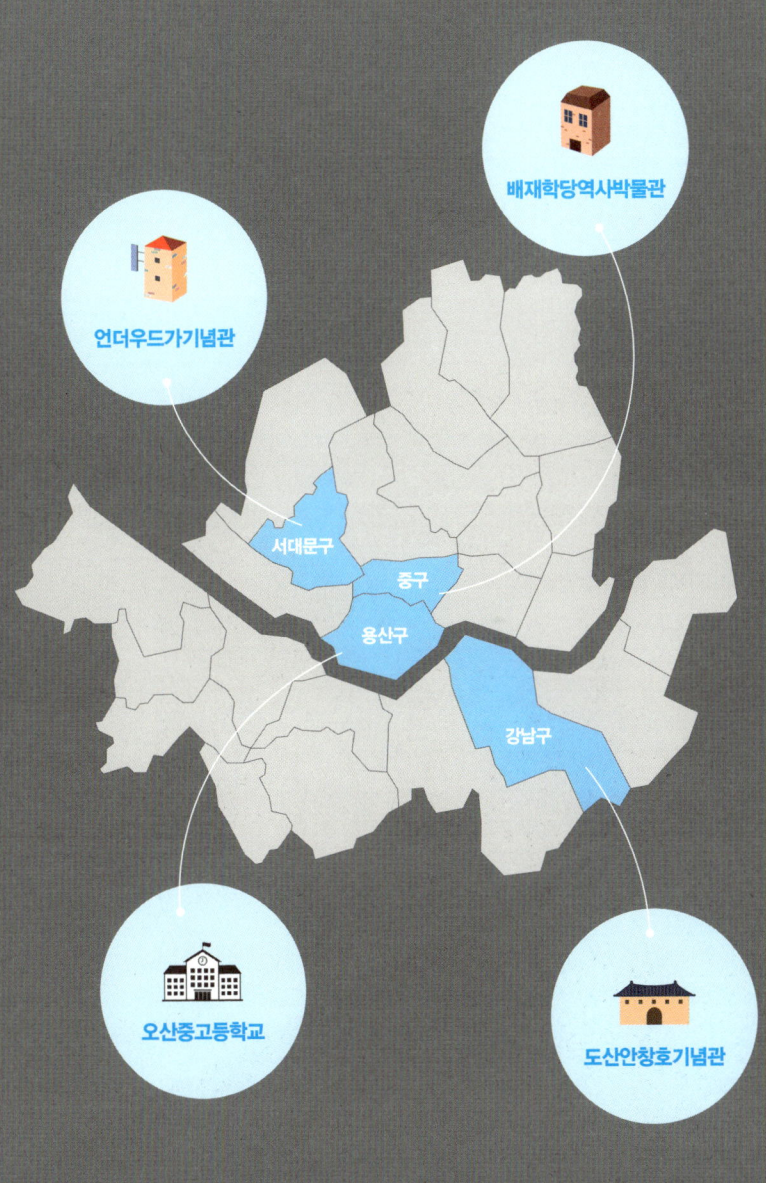

배재학당역사박물관

언더우드가기념관

서대문구

중구

용산구

강남구

오산중고등학교

도산안창호기념관

도산안창호기념관

: 서울특별시 강남구 도산대로 45길 20

강남의 도산대로라고 이름 붙은 길에는 도산안창호기념관과 도산공원이 있어서 시민들의 휴식처가 되고 있습니다. 도심에서는 제법 넓은 편인 도산공원에는 안창호 선생의 동상이 있고, 안창호 선생과 이혜련 여사 부부의 묘소도 자리하고 있습니다. 공원 곳곳에는 도산이 남긴 교훈 등이 적혀 있기도 합니다.

입구와 맞닿은 기념관은 안창호 선생의 탄생부터 죽음까지, 그가 했던 많은 일이 체계적으로 정리돼 있고, 평소 보기 힘든 희귀한 사진들과 생전에 사용하던 유품도 전시되어 그의 행적을 알리고 있습니다. 물론 이곳은 일반을 위한 전시관이라 기독교적인 내용들은 많지 않지만, 안창호 선생의 삶 전체를 들여다볼 수 있는 공간입니다. 전시관 내 작은 방에서는 안창호 선생 관련 다큐멘터리가 방영됩니다.

기념관에서는 도산의 업적과 삶을 다룬 팸플릿은 물론 만화 소책자를 배포하고, 관련 서적들을 판매하기도 합니다. 공영주차장이 있지만 너무 적어서 대중교통을 이용하거나, 인근 빌딩에 유료로 주차를 하는 것이 좋습니다.

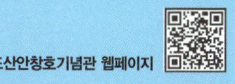
도산안창호기념관 웹페이지

민족의 미래를 내다본
지도자 안창호 1878-1938

: 세계를 무대로
겨레의 독립을 준비하다

'도산 안창호' 하면 모르는 사람이 없지만, 정작 그가 무슨 일을 하고 어떤 말을 했는지 아는 사람은 드물 것입니다.

모든 독립운동가의 뜻이 훌륭하지만 독립에 대한 방법론은 저마다 조금씩 달랐는데, 크게 세 가지 방향이 있었습니다. 무력을 사용해서라도 일제에 항거해 이겨야 한다는 사람들은 의병과 군대를 훈련시켜 맞섰습니다. 우리는 아직 힘이 없으니 외세를 움직여 일본을 압박해야 한다는 사람들은 다른 강대국에 호소하는 일에 힘을 썼습니다.

그리고 힘이 부족한 상태에서 무력으로 맞서는 것은 더 큰 희생만 불러오고, 다른 나라의 힘으로 독립하면 언제든지 다시 나라를 빼앗길 수 있다고 생각해 교육과 철저한 준비로 독립과 그 이후까지를 준비해야 한다고 생각하는 사람들이 있었습니다. 안창호 선생이야말로 바로 세 번째 생각을 실천한 사람이었습니다. 그는 기독교 정신으로 악을 악으로 갚지 않으면서 힘을 길러 독립을 이루어야 한다는 생각으로 평생을 바쳤습니다.

도산 안창호

언더우드학교 '구세학당'에 입학하다

안창호는 1878년에 평안남도에서 태어나 한학을 공부하며 자랐습니다. 아버지가 일찍 돌아가셔서 할아버지 밑에서 가난한 어린 시절을 보내야 했습니다. 동학농민운동과 청일전쟁의 격변기에 안창호는 선각자였던 선배이자 동지 필대은을 알게 되면서 그로부터 많은 영향을 받고 새로운 세상에 대한 눈을 떴습니다. 평양이 쑥대밭이 될 정도로 어수선했지만, 무기력한 나라의 모습에 한탄하던 안창호는 부강한 나라를 만드는 일의 중요성을 깨닫고 서울로 올라가 공부하기로 마음을 먹었습니다.

1895년경 경성(서울)의 남대문(숭례문) 근처에 머물던 그에게는 보름 정도의 생활비밖에 없었습니다. 막상 올라왔지만 당장 먹고살 길이 막막했던 그는 한 백인 선교사가 사람들을 모으면서 하는 말을 듣게 됩니다.

"공부하고 싶은 사람은 우리 학당으로 오십시오! 먹여주고, 재워주고, 공부까지 공짜입니다."

그곳은 바로 언더우드 선교사가 만든 구세학당(현재 혜화동 경신고교)

이었습니다. 이곳에 입학하기로 한 안창호는 댕기머리를 자르고 신문물을 받아들이면서 2년 동안 언어와 수학, 음악, 물리, 지리 등을 배웠고, 성경과 교리까지 배울 수 있었습니다. 그러면서 기독교를 받아들였고, 신약성경을 자주 읽었다고 합니다. 강한 나라가 되어 도탄에 빠진 백성들을 구하고자 하는 그의 꿈은 하나님을 향한 기도가 되었습니다.

결혼과 새로운 독립 국가를 향한 꿈

청일전쟁에서 승리한 일본이 조선을 향한 횡포와 야욕을 더해갔고 1895년 10월, 명성황후 시해사건이 벌어지자 백성들의 분노가 들끓었습니다. 당시 시행된 단발령(상투를 풀고 머리카락을 짧게 자르라는 명령)은 반발심을 더 키워 의병이 일어나기도 했지만, 총으로 무장한 일본군에 맞서기에는 턱없이 부족했습니다. 당시 만들어진 독립협회는 구세학당과도 가까워 안창호는 서재필과 윤치호의 학생 토론 모임인 협성회의 준회원으로 활동하며 민주적 사고와 국가의 미래에 대한 견문을 넓혔습니다.

학교를 졸업한 안창호는 고향으로 돌아가게 되었는데, 할아버지는 과거에 집안끼리 정혼해 둔 이혜련과의 결혼 이야기를 꺼냈습니다.

그의 나이 18세, 신붓감은 겨우 12세였습니다. 안창호는 전혀 생각이 없었지만, 그래도 어른들 간의 혼담이니 어쩔 수 없이 장인 되는 분을 찾아 핑계 아닌 핑계를 댔습니다.

"저는 예수님을 믿는 기독교인입니다. 서로 종교가 다르면 혼인은 무리라고 봅니다. 그리고 더 해야 할 공부가 있고, 나라를 위해 할 일이 많아 결혼은 이르다고 생각됩니다."

그런데 의외로 장인은, 그렇다면 자기 딸과 가족 모두가 교회에 등록하고, 딸을 데려가 서울에서 공부시킬 수 있도록 하겠다는 것이었습니다. 말문이 막힌 안창호는 고민 끝에 결혼을 결정하고 약혼한 뒤에 서울로 와서 이혜련을 정신여학교에 입학시켰습니다.

그리고 23세가 되던 1902년에 17세인 신부와 정식 결혼을 했습니다. 이혜련 여사(1884~1969)는 평생 안창호 선생의 동반자로 독립운동을 도우며, 세계로 다니느라 집을 오래 비우곤 했던 안창호를 대신해 가족들을 지켰습니다.

안창호·이혜련 부부와 자녀들

미국 동포 사회를 바꾼 젊은 리더

안창호는 독립협회 활동을 하면서 두 번의 인상 깊은 연설을 하는데, 1898년 7월에 평양 쾌재정에서의 연설과, 11월에 서울에서 열린 만민공동회에서의 연설이었습니다. 현실에 대한 신랄한 비판과 고발은 사람들의 마음에 통쾌함과 열망을 심어주기에 충분했습니다.

그러나 정부는 독립협회와 만민공동회 활동을 금지하고 탄압했습니다. 하는 수 없이 모두 뿔뿔이 흩어지고, 안창호도 절망에 빠질 수밖에 없었습니다. 게다가 자신의 멘토였던 필대은이 폐병으로 사망하자 더욱 큰 슬픔이 다가왔지만, 그대로 주저앉을 수만은 없었던 안창호는 미국으로 공부를 하러 떠나는데, 이때 약혼녀인 혜련이 한사코 함께 가고자 하는 바람에 출발 전날 밀러 목사의 집례로 결혼식을 했습니다.

미국에 건너가 살던 조선인들의 삶은 엉망이었습니다. 안창호는 그들을 일깨우고, 먼저 생활을 안정시켜야겠다는 생각으로 솔선수범하며 그들을 섬겼습니다. 남의 집 청소부터 온갖 일을 돕자 처음에는 이해를 못 하던 동포들이 점차 그를 인정하고 존경하게 됐습니다. 안창호는 샌프란시스코 한인들을 모아 '공립협회'를 만들고, 야학을 열어 사람들을 가르치며 생활 예절과 지침도 알려주는 등, 노동 현장에서도 리더의 역할을 했습니다. 리버사이드 오렌지 농장에서는 직접 오렌지를 따면서, "오렌지 하나를 따더라도 정성을 다하는 것이 나라를 위하는 것입니

속옷바람 NO!!
돈 낭비 말고 조국에 송금.
9시 취침...

다."라는 말을 남기기도 했습니다. 마치 성경에서, 적은 일에 충성한 종에게 많은 일을 맡기고 주인의 즐거움에 참여하게 한다는 말씀처럼, 작은 것을 소홀히 하는 자세로는 나라를 구할 수 없다는 가르침을 전한 것이었습니다.

조선인들의 삶이 점차 바뀌자 미개한 나라에서 온 사람들이라는 주변의 인식도 달라졌습니다. 그것이 다 한 사람 때문에 일어난 변화라는 것을 안 미국인들은 조선에서 큰 리더가 온 줄 알았지만, 알고 보니 불과 20대 중반의 젊은이 안창호였던 것입니다.

이토 히로부미의
회유를 뿌리치다

1907년, 안창호는 가족을 남겨두고 조국으로 돌아옵니다. 전쟁보다 각자의 자리에서 최선을 다하는 것이 옳다고 생각한 그는 연설을

미국 오렌지 농장의 한국인들. 안창호(앞줄 왼쪽 두 번째)

통해 사람들을 격려하면서 비밀리에 이승훈, 신채호, 이회영 등과 함께 신민회를 만들어 본격적인 독립운동에 나섰는데, 평양에는 대성학교를 세워 청년들을 양성했습니다. 일본의 횡포는 더 거세지고 있었는데, 안창호의 영향력을 걱정한 일본의 이토 히로부미는 자신의

지도 아래 청년 내각을 꾸리면 정권을 넘겨주겠다며 회유했지만, 안창호는 그의 면담을 단호히 거절했습니다.

1909년, 하얼빈에서 안중근 의사가 이토 히로부미를 저격하자 긴장한 일본은 애국지사들을 대거 체포했는데, 안창호 선생은 혐의가 없어서 풀려났으나, 일본의 탄압과 방해가 너무 심해지자 망명길에 올라 또 다른 독립의 길을 모색합니다. 1910년에 을사늑약이 체결되고 조선총독부가 들어섰지만, 독립운동 단체들의 분열은 심각한 상태였기에 안창호 선생은 중국 청도와 러시아 블라디보스토크 등지를 지나 미국으로 돌아갔습니다.

가장 빛나는 리더십

1919년 5월, 도산은 중국 상하이로 가서 임시정부 조직을 정비해 나갔습니다. 내무총장 겸 국무대리를 맡은 그는 개별적인 독립운동 단체들을 연결하고 임시정부 산하로 편입해 힘을 모으는 일을 했습니다. 9월에는 국내외에 있던 3개의 임시정부를 하나로 통합했습니다. 이것이 도산의 업적 중 가장 뛰어난 일로 꼽힙니다. 이처럼 그의 장점은 마치 오케스트라의 지휘자처럼 모두를 통합하는 리더십이었습니다.

안창호 선생은 자기 영향력을 내세우지 않는 자리에서 하와이, 미국 등지를 오가며 자금 마련과 임시정부의 개혁을 위해 애쓰던 중 1937년 6월에 일제가 지식인들을 회유하기 위해 획책한 동우회 사건

으로 서대문형무소에 갇힙니다. 그해 12월 14일, 건강이 급격히 악화되자 그는 보석으로 풀려나 경성제국대학병원에 입원하지만, 간경화, 기관지염 등을 이기지 못하고 이듬해 3월 10일에 만 59세로 세상을 떠났습니다. 서재필을 비롯한 많은 인사와 백성은 그에게 더 큰 기회가 주어지지 않았던 것을 원통해 했습니다.

　도산 안창호를 가장 위대한 독립운동가 몇 사람 중 하나로 꼽는 이유는 그의 리더십이 기독교 정신을 바탕으로 한 겸손과 절제, 정직, 포용력으로 빛났으며 늘 민주적이었기 때문입니다. 생각이 다른 무리들과도 대화하며 실용적 가치를 중시하되 항상 이웃사랑을 잊지 않았습니다. 비록 안창호 선생은 독립을 보지 못했지만, 그가 한 일들은 독립을 이루는 데 큰 힘이 되었습니다.

　도산이 이루려던 통합된 민주국가의 꿈은 우리 민족의 숙제이며 나아갈 길입니다. 오늘날 모두를 위한 기독교 정신이 무엇인지, 기독인들의 참된 사명이 무엇인지 도산 안창호 선생은 우리에게 묻고 있습니다.

경기도 광주 히스토리 캠퍼스

강남에서 50분 거리의 경기도 광주
도척면에는 유나이티드문화재단이
많은 비용을 들여 조성한
히스토리(He'Story) 캠퍼스가 있습니다.
12,000평 규모로 기독교를 바르게
알리고 전하기 위한 기독교 복합문화공간입니다.
이곳에는 한국의 교육과 의료, 문화의 첫 단추를 끼운 초기선교사들의 공로와 헌신을
기록한 기독교역사박물관, 성경 66권의 핵심을 담아낸 성경박물관이 있는데,
2025년 5월에 새롭게 성경 속 노아의 홍수 사건이 역사적 사실이었음을 증명하는
노아의 방주 박물관을 완공했습니다(위 사진).

해외의 안창호 선생 유적지들

안창호는 교통이 발달하지 않은 시대에도
전 세계를 누빈 인물이었습니다. 그래서
그의 흔적은 세계 도처에 남아 있는데요.
'도산(島山)'이란, 배를 타고 바라본 섬의
웅장한 산이라는 뜻인데, 1902년에 여객선을 타고
하와이에 당도하던 안창호 선생이 영감을 받아
자신의 호를 지은 것이라는 설이 있습니다.
안창호 선생의 활동 무대는 상하이,
블라디보스토크, 로스앤젤레스(LA),
하와이 등으로 다양합니다.
상하이에는 대한민국임시정부청사가 남아 있어서 전시관으로 활용되고 있습니다.
이곳은 대한민국 임시정부가 1926년 7월부터 1932년 4월까지 윤봉길 의사의 훙커우
공원 의거로 상하이를 떠나기까지 약 6년간 사용했던 건물입니다. 당시에 사용하던
태극기와 독립운동가들을 재현한 조형물들이 전시되고 있습니다(내부 촬영은 불가).

도산 안창호 선생이 활동하던 미국 LA의
웨스트 6번가 시티센터에는
도산 안창호 우체국이 있습니다.
LA 시는 한인사회의 발전에 기여한
안창호 선생의 큰 공로를 기리는 의미로
노스 피게로아 스트리트를
도산 안창호 거리로 지정하기도 했습니다.

여긴 어때요?

서대문 국립대한민국임시정부기념관

2022년에 개관한 국립대한민국임시정부기념관은 3호선 독립문역 5번 출구,
서대문형무소 박물관 옆에 있습니다. 서대문역사공원에 가면 독립문과
서대문형무소역사관, 그리고 임시정부기념관을 함께 둘러볼 수 있는데요.
서대문형무소역사관은 소정의 입장료가 있지만, 임시정부기념관은 무료입니다.

지상 4층, 지하 3층 건물로 상설전시실 3개와
특별전시실 1개로 구성된 이곳에는 대한민국
임시정부가 수립되기까지의 과정과 당시 역사,
그리고 기여한 인물들의 이야기를 볼 수 있습니다.
이곳도 도산 안창호 선생의 역할을 소개하는데,
독립운동에 압도적으로 많이 참여했던
기독교인 중 임시정부에 기여한 김구, 김마리아,
이동휘, 이승만, 여운형, 손정도 등의 족적도
살펴볼 수 있습니다.

대한민국임시정부기념관의
안창호 선생 관련 게시물

독립문도
보고가자!

배재학당역사박물관

: 서울특별시 중구 서소문로11길 19

서울 시청역에서 가까운 서소문 배재학당역사박물관에는 아펜젤러의 흔적으로 가득합니다. 1916년에 완공되어 서울시기념물 16호인 이곳은 배재학당이 지나온 길과 설립자 아펜젤러의 사역과 교육 과정을 보여줍니다. 박물관은 학예연구실, 상설전시관, 기획전시관, 특별전시관, 세미나실 등으로 구성되어 있으며, 1930년대 배재학당 교실을 재현한 체험교실이 있습니다.

상설전시관에는 고종황제가 하사한 배재학당(培材學堂) 현판과 유길준의『서유견문』, 〈협성회회보〉와 〈독립신문〉 등도 전시되어 있습니다. 졸업앨범, 학생 수첩 등 오래전 물건들, 그리고 아펜젤러의 다양한 유품으로 친필 일기, 타자기, 피아노, 각종 서류도 볼 수 있고, 오래전의 희귀한 사진들도 볼 수 있습니다.

박물관 앞에는 아펜젤러 기념 소공원이 아펜젤러의 동상과 함께 있고, 옆으로 배재어린이공원이 맞닿아 있습니다.

4명의 학생으로 시작한 배재학당은 오늘날 배재대학교, 배재고등학교, 배재중학교, 배재대학교 부속유치원과 어린이집이 되었고, 산하 기관으로 이곳 박물관과 대천 수련원이 운영되고 있습니다.

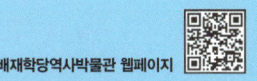

짧은 생을 이 땅에 모두 바친 아펜젤러 1858-1902

: 황무지에 복음의 물꼬를 튼 1호 개신교 선교사

COREA 조선

외국인 선교사 하면 얼른 떠오르는 사람이 초창기 장로교의 언더우드와 감리교의 아펜젤러일 것입니다. 미국에서 장로교 와 감리교는 우리나라처럼 많지 않지만, 이들 교 단에서 초기 조선에 많은 선교사를 파송했기 때문에 우리나라에는 장로교와 감리교가 대세입니다.

그런데 아펜젤러는 이름에 비해 그가 무슨 일을 했는지는 조금 덜 알려져 있는 것 같습니다. 그것은 아마도 아펜젤러가 44세라는 비교 적 젊은 나이에 사고로 사망한 탓도 있을 것입니다. 하지만 그의 인 생을 살펴보면 사실 그가 엄청나게 많은 복음의 씨앗을 뿌렸다는 것 을 알 수 있습니다. 그가 1호 외국인 선교사이기 때문이기도 하겠지 만 워낙 열정적으로 여러 중요한 일들에 헌신했기 때문이었습니다.

누군가가 갔던 길을 따라가는 것은 어렵지
않습니다. 하지만 개척자는 모든 면에서 어
렵기 마련입니다. 아펜젤러는 선교 사역의
교과서처럼 성경을 번역하고, 교회를 세우
고, 출판사를 만들어 문서 선교를 하고, 사
람들을 섬기며 선교지에 동화되었습니다. 아
펜젤러의 탁월한 지혜와 판단은 당시는 물론

헨리 아펜젤러

선교 사역을 하는 모든 사람, 그리고 오늘을 사는 우리에게까지 큰
영향을 미쳤습니다. 그것이 그가 개신교 1호 선교사라는 사실보다
훨씬 중요한 것입니다.

첫 교육 사역, '배재학당'

펜실베이니아 출신의 헨리 거하드 아펜젤러(Henry G. Appenzeller)는
어린 나이에 회심하여 청년 때 드류 신학교에 다니며 하나님께 헌신
하기로 마음먹었습니다. 조선으로 떠나는 것이 확정된 1884년에 엘
라 닷지와 결혼을 했고, 1885년 4월 2일 (언더우드와 함께) 부산에 도착
합니다. 그리고 인천 제물포항에 도착한 날은 그해 부활절 4월 5일이
었는데, 그때 아펜젤러는 이렇게 기도했습니다.

"사망의 권세를 이기고 부활하신 주께서 이 백성을 얽어맨 결박을
끊으사 하나님의 자녀로 자유와 빛을 주시옵소서."

당시 한국은 갑신정변의 영향으로 위험하고 어지러운 때였습니다.

그런 정치상황을 고려해 아펜젤러는 일본으로 잠시 피하고, 아내인 엘라만 입국했습니다. 아펜젤러는 6월 20일에 재입국했습니다. 이후 한 달 반 정도 인천 제물포에 머문 것이 계기가 되어 나중에 내리교회가 형성되었습니다.

배재학당(培材學堂)은 '유용한 인재를 기르고 배우는 집'이라는 뜻인데 아펜젤러는 영어로 이렇게 표현했다. 'Hall of Reaching Useful Man'.

이후 서울에 도착한 아펜젤러는 조선 땅에 적응하기도 전인 두어 달 만에 한옥을 매입해 영어학당을 준비합니다. 그리고 이듬해 8월부터는 4명의 학생을 두고 개강을 하는데, 이것이 배재학당의 최초 모습이었습니다. 1887년에 아펜젤러는 일본에서 만난 적이 있는 갑신정변의 주역 김옥균의 주선으로 고종황제를 알현하게 되는데, 그때 학당 설립을 기뻐한 고종이 하사한 학교 이름이 '배재학당'이었습니다.

배재학당이 기르고자 한 인재는 기술자나 기능공이 아니라 자립정신을 지닌 사람, 그리고 혼란한 나라의 백성을 이끌 지도자였습니다. 남학교였던 배재학당은 예비과정, 교양과정, 대학과정 등으로 나누어 가르치고, 영어, 중국고전, 서구의 과학과 문학 등을 가르치기도 했습니다. 교훈은 '크고자 하거든 남을 섬겨라'였는데, 이 교훈은 지금도 배재중고등학교의 교훈입니다.

조선 백성을 향한 선교와 교육의 열정

아펜젤러가 성경공부를 위해 마련한 '벧엘예배당'이라는 곳이 있었는데, 1887년 10월 9일에는 특별한 모임이 열렸습니다. 이는 최초로 조선 사람들끼리 드리는 예배였습니다. 그 장소는 사방 8자였다고 하니 한쪽 면이 2.5m 정도 되는 작은 방이었습니다. 그곳에 둘러앉아 마가복음 1장을 읽으며 드린 예배가 바로 한국 감리교의 첫 예배였고, 이 벧엘예배당이 정동제일교회로 발전한 것입니다.

1888년, 아펜젤러는 서양식 출판 시설인 삼문출판사를 배재학당 내에 만들었는데, 이 또한 문서 선교 사역의 선구자적 역할이었습니다. 삼문(三文)이란 한국어, 중국어, 영어로 책을 만들 수 있다는 의미였습니다. 아펜젤러는 스위스 이민자 가문이었고, 어머니가 독일계라서 독어와 불어에도 능숙했다고 합니다. 이 출판사에서는 성경은 물론 『천로역정』 같은 기독교 서적과 〈그리스도신문〉, 〈대한매일신보〉 같은 신문도 발행했습니다.

특히 성경 번역은 그가 한국에 입국한 첫날부터 시작했습니다. 10년 후에는 신약성경을 모두 번역했습니다. 여기서 인쇄하고 출판한 책이 1900년까지 25만여 권에

남녀를 구분해 예배하던
정동교회 초창기 모습

이르렀다니 당시로서는 엄청난 양이었습니다.

그는 또 1890년에 종로서점을 세우고, 대한성교서회(현 대한기독교서회)의 회장직을 맡았습니다. 이런 사역들은 장차 선교와 교육은 물론 근대화와 독립에까지 큰 영향을 미쳤습니다.

아펜젤러의 교육열과 한국인들을 깨우기 위한 마음은 그가 남긴 말에도 잘 나타나 있습니다.

"만일 하나님이 허락하신다면 나는 한국의 모든 곳을 방문해, 북쪽의 호랑이 사냥꾼으로부터 남쪽의 벼 농사꾼에 이르기까지 복음을 전하고 싶다."

모든 것을 주고 생명까지 바친 사역자

야위고 허약해진 모습인 말년의 아펜젤러

그렇게 시간을 아껴 불철주야 애썼던 아펜젤러는 처음에 90kg이었던 몸무게가 6년 후 64kg으로 빠지고, 다시 10년 후에는 60kg까지 줄었다고 합니다. 스크랜턴 선교사는 그가 놀랄 만큼 허약해진 노인 같았다고 증언하기도 했습니다. 사진에도 그 모습이 고스란히 드러납니다.

1902년 6월 11일, 그날은 성서번역위원회 회의차 목포로 가는 날이었습니다. 인천 제물포에서 그가 탄 배에는 동역자 한 명과 정신학교 학생 한 명, 그리고 미국인 광산업자 한 명과 일본인 두세 명이 함께 탔는데, 배가 군산 어청도 앞바다를 지날 때 선박 충돌 사고가 나고 말았습니다. 그가 탄 558톤의 구마가와마루호는 짙은 안개 때문에

아펜젤러가 탔던 배와 같은 기종의 선박

같은 오사카상선 소속의 675톤급 기소가와마루호가 선체 옆을 충돌하면서 침몰하게 된 것이었습니다.

그런데 이때 아펜젤러는 생존자들과 함께 나오지 않고, 함께 온 동료들과 학생을 구하러 갔다가 조난되었습니다. 구조된 보울비라는 광산업자는 나중에 한 잡지와의 인터뷰에서 말했습니다.

"선교사님은 저를 따라 나오지 않았습니다. 사람들을 구하러 3등실로 간 것입니다."

다음날까지 수색 작업이 이어졌지만, 조선인 시신 두 구만을 찾고 아펜젤러는 영영 찾지 못했습니다. 그렇게 아펜젤러는 44세의 아까운 나이에 세상을 떠나게 됩니다.

사실 6월 11일은 일주일 미뤄진 일정이었습니다. 계획된 날에는 경부선 철도를 공사하던 일본인들이 아펜젤러를 러시아 첩자로 오인해 폭행을 하는 바람에 큰 봉변을 당했기 때문입니다. 이 사고가 아니었다면 예정대로 길을 떠나 무사히 목적지에 도착했을지 모르지만, 그래도 그 모든 일이 하나님의 섭리 가운데 있었을 것입니다.

대를 이어 이 땅에 헌신한 아펜젤러 일가

그의 사망 소식을 들은 가족은 물론 선교사들과 정동제일교회 식구들, 그리고 감리교 교인들이 큰 충격과 슬픔에 많은 눈물을 흘렸습니다. 아펜젤러는 사랑하는 아내 엘라와 17살 맏딸 앨리스와 14살의 아들 헨리 닷지, 그리고 또 다른 두 딸을 두고 그렇게 먼저 삶을 등졌습니다.

하지만 그의 가족은 모두 한국을 사랑했기에 앨리스 레베카 아펜젤러는 미국으로 돌아갔다가 1915년, 30살에 한국에 돌아와 이화학당의 교사로 일했고, 나중에는 6대 이화학당장을 역임하며 많은 여성 지도자를 길러냈습니다. 헨리 닷지 아펜젤러는 1917년에 선교사로 다시 한국에 들어와 배재학당의 교장으로 20년간 일했습니다. 6·25전쟁 때는 한국을 돕기 위해서 미국에 모금운동을 하는 등 애썼고, 1952년에는 배재중고등학교 이사장을 지내기도 했습니다.

1901년 아펜젤러 가족.
(왼쪽부터) 둘째 딸 아이다,
맏딸 앨리스, 아펜젤러,
아들 헨리 닷지,
아내 엘라 닷지,
셋째 딸 메리

그들은 모두 아버지처럼 열정을 불태우며 몸이 부서져라 일하다가 병을 얻을 정도였습니다.

낯선 나라 한국을 사랑한 아펜젤러가 안식년을 맞아 미국에 갔을 때, 신학대학교 동기 켄트 크뢸러는, 이제 돌아와서 필라델피아에서 함께 일하자고 제안했습니다.

그러자 아펜젤러는 이렇게 대답했답니다.

"나는 내 생명을 한국에 바쳤어. 본국보다 한국이 나를 필요로 해. 어쩌면 나는 은둔의 나라 조선에서 하나님께 가게 될 거야."

마치 마지막을 예견한 듯한 그의 말은 아쉬움을 더합니다. 조금 더 우리나라를 위해 일했더라면 역사가 또 어떻게 바뀌었을지 모르니까요. 하지만 그 또한 하나님의 뜻이라고 믿습니다.

한국식 이름이 '아편설라'였던 아펜젤러의 가족들은 양화진외국인선교사묘원에 있지만, 정작 아펜젤러의 것은 가묘일 뿐입니다. 그의 시신을 끝내 찾지 못했으니까요. 하지만 그의 영혼은 자신을 이 땅에 보내신 하나님 품에 안겼을 것이고, 비로소 쉼을 누렸을 것입니다. 그리고 우리 주님이 다시 오실 때 부활해 우리와 영원히 함께할 것을 믿습니다.

서소문 정동제일교회

덕수궁 돌담길 끝에 있는 정동제일교회는 아펜젤러가 만든 벧엘예배당으로 시작한 교회입니다. 지어진 오래됐지만 붉은 벽돌이 아름다운 건물로 이미 유명한 교회인데, 건물과 함께 100주년 기념탑이 세워져 있습니다. 많은 유명인이 결혼식을 올리기도 했던 이 교회는 1977년에 사적 제256호로 지정되었습니다. 정동교회 안에는 작은 역사기념관이 있어서 그간 지나온 길을 전시하고 있는데, 마당에는 아펜젤러의 흉상이 남아 있습니다. 이 교회는 배재학당역사박물관과 맞닿은 배재어린이공원 옆에 있어서 한꺼번에 둘러볼 수 있고, 몇 분 거리에 이화여고 이화박물관도 방문할 수 있습니다.

교회에서 덕수초등학교 쪽으로 나가면 구세군박물관도 있습니다. 연말연시 이웃돕기 모금 냄비로 유명한, 개신교의 한 교파인 구세군(Salvation Army)의 역사와 현황이 전시돼 있습니다.

군산 아펜젤러기념선교교회

이곳은 2002년에 내초교회의 뜻있는 성도들 100여 명이 자발적으로 모금해 건축한 교회인데, 어청도 앞바다에서 가까운 지역 크리스천들로서 아펜젤러를 기억하고 그 뜻을 이어가기 위해 만든 공간입니다.
"많은 그리스도인이 살신성인의 모습으로 살다 간 아펜젤러 선교사를 점점 잊어가던 때, 군산 바닷가의 한 무명 교회가 품은 겨자씨만 한 보은의 마음이 큰 열매를 맺어

아펜젤러기념교회와 기념관을 세우게 되었습니다."
이렇게 설명하고 있는 교회는 예배당, 카페, 게스트하우스, 사랑의집 등을 운영하고
있으며, 아펜젤러기념관에서 성경과 유품, 간행물 등을 전시하고 있습니다.
기념관은 아펜젤러의 사역을 기록한 아펜젤러전시관, 평양 지역 선교와 평양과
서울의 감리사였던 노블 선교사의 사역을 조명한 노블전시관, 한국의 선교 역사를 모은
한국기독교역사전시관, 아펜젤러의 사고 상황을 재현한 선박체험관,
그리고 기독교 역사를 한눈에 보여주는 사진전시관으로 이루어져 있습니다.

서천 아펜젤러순직기념관

아펜젤러의 이야기를 모르는 사람이라면 왜 이런
바닷가 마을에 외국인 선교사의 기념관이 있을까
하는 생각이 들 정도로 아펜젤러순직기념관의
위치는 조금 낯선 느낌이 드는 장소입니다.
아펜젤러가 숨진 곳이 바로 어청도 앞바다인데,
군산의 아펜젤러선교기념교회와 이곳 기념관에서
모두 비슷한 거리에 있습니다.
아펜젤러는 넓은 의미에서 순교자라 할 수 있지만,
직접적인 박해로 사망한 것은 아니기 때문에
이곳은 순직이라는 표현을 쓰고 있습니다.
이 기념관은 작은 건물이지만, 귀한 자료가
많이 전시돼 있습니다.
아펜젤러의 선교 사역에 사용된 각종 서류,
교적부, 성경, 출간 서적 등이 다양하게 전시돼
있고, 당시의 사진 자료들도 다수 전시하고 있습니다.
한편, 어청도의 아펜젤러 순직 장소에는
표지석과 순교 기념비가 세워져 있습니다.

선교사업 존경합니다...

오산중고등학교

: 서울특별시 용산구 보광로 7길 17

서울 용산구 보광동 오산중교등학교의 입구에 들어서면 설립자 이 승훈 선생의 흉상이 있고, 설립 정신이 새겨져 있습니다. 이 학교 는 평안북도 정주에 처음 세워졌는데, 광복 후 공산주의자들을 피해 1953년에 부산에서 개교 후 1956년에 용산으로 옮겨졌습니다. 이승 훈 선생은 이 학교의 졸업식 때면 이런 말을 남겼습니다.

　　"왜놈에게 나라를 빼앗긴 것은 우리 겨레가 무식해서요, 우리나라 의 경제력과 힘이 약해서다! 너희들은 왜놈을 원망하기 전에 우리의 처지를 잘 알고, 장차 나라를 독립시켜야 한다. 너희들은 목회자가 되어 우선 민중을 깨우치고, 교사가 되어 자라나는 어린이들을 훌륭 한 인재로 기르고, 의사가 되어 무지와 가난으로 신음하는 겨레의 고 통을 치유하고, 변호사가 되어 억울한 누명을 쓰고 고생하는 겨레의 인권을 옹호해 주어야 한다."

　　그럴 때마다 학생들은 숙연해지고, 그가 학생들의 손을 잡아 줄 때 그들의 가슴마다 굳은 의지가 용솟음쳤다고 합니다.

　　요즘은 학교에 아무나 입장할 수 없으므로 허가를 받아야 하지만, 정문에서 가까운 이승훈 선생 흉상 이 있는 곳까지는 경비실의 허락을 받아 둘러볼 수 있을 것입니다.

지금의 오산중학교

오산중학교 웹페이지

오산학교를 설립한
참 스승 이승훈 1864-1930

: 교육을 통해 나라 사랑을 심은
기독교 교육자

남강 이승훈 선생은 지금의 용산
구 보광동 오산중고등학교인 오산
학교의 설립자입니다. 1907년에

설립된 오산(五山)학교는 선생의 고향인 평안북도 정주 오
산리의 승천재가 뿌리인데, 근처에 5개의 산이 있어서 생
긴 이름입니다.

오산학교는 독립운동의 본거지로 활용되기도 했는데, 교육을 통해
많은 일꾼을 길러낸 이승훈 선생의 제자는 장기려 박사의 스승인 백
인제 박사, 시인 김소월, 우리나라의 대표적 순교자 주기철 목사를
비롯해 많은 독립운동가와 사상가, 의사, 목회자가 있습니다.

이승훈 선생은 원래 유기그릇을 파는 사업을 크게 일으킨 평범한
재산가였지만, 눈이 열린 이후로는 교육과 다양한 독립운동으로 민

족정신을 깨우며 많은 일을 했습니다. 사람들은 그를 "학교에 미친 사람"이라고 부를 정도였습니다.

남강 이승훈

남강의 정신이자 오산학교의 교훈은 '경(敬), 애(愛), 성(誠)', 즉 존경, 사랑, 정성입니다. 하나님 한 분을 경외하면서 닮아가는 마음, 전 재산을 바칠 정도로 학생들을 사랑하는 마음, 진실함과 성실함으로 타인을 위해 솔선수범하는 마음이 그것입니다. 오산학교에서는 외국인 선교사를 초빙해 성경을 가르치기도 했습니다.

이승훈 선생은 마지막에도 "겨레의 광복을 위해 힘써라. 내 유해는 땅에 묻지 말고 생리 표본을 만들어 학생들을 위해 쓰게 하라."는 말을 남겼지만, 선생의 유해가 표본으로 남는 상징성을 우려한 일제에 의해 이루어지지 않았습니다. 그 정도로 이승훈 선생의 영향력은 우리 민족에 큰 족적을 남겼습니다.

인생의 전환점이 된 안창호의 강연

1864년, 평안북도 정주에서 태어난 이승훈 선생은 집안이 가난해 별다른 교육을 받지 못하고 자랐습니다. 열 살 때 유기점의 사환으로 들어가게 되는데, 타고난 성실함으로 신임을 얻었고, 열다섯 살에는 결혼도 했습니다. 이후에 유기상으로부터 독립한 선생은 평안도와

보부상 시절의 이승훈 선생

황해도에서 유기 보부상을 하며 제법 성공했고, 1887년경에는 공장까지 세워 서울과 평양을 오가며 사업체를 키웠습니다. 그즈음 오산리의 용동에 서당인 용동 글방을 만들기도 했습니다.

1894년, 청일전쟁으로 피난을 가기도 했지만, 공장과 상점을 재건했고 무역과 운수업으로까지 사업을 확장했습니다. 그러나 1904년에 다시 러일전쟁으로 어려움을 겪었습니다. 남의 땅에 와서 전쟁을 하는 일본으로 인한 피해가 이만저만이 아니었던 것입니다. 급기야 1905년에 을사늑약이 체결되자 선생은 고향으로 돌아갔습니다.

그때까지 그저 수완 좋은 사업가였던 40대의 이승훈 선생은 1907년 20대 청년인 도산 안창호의 '교육진흥론' 강연을 듣고 깊은 감명을 받게 됩니다. 뜨거운 눈물로 호소하는 연설에 큰 감명을 받은 이승훈 선생은 연단 앞으로 나가 안창호를 직접 만나서 자신을 소개했습니다. 안창호 선생도 남강의 명성은 익히 알던 터라 둘은 반갑게 인사를 나누기도 했습니다.

그때부터 이승훈 선생은 자신의 영달이 아닌 민족의 구원을 위해 살

기로 결심했습니다. 그리고 그해 최대 비밀 항일결사 조직인 신민회에 가입했는데, 나중에 안창호 선생이 해외로 망명한 뒤에는 신민회의 국내 책임자가 되었습니다.

이승훈 선생은 용동에 초등 교육기관인 강명의숙과 중등 교육기관인 오산학교를 설립했습니다. 또한 1909년에는 평양에 자신의 회사를 설립하고 수익금을 교육 발전 기금으로 사용했습니다. 오산학교는 안창호의 대성학교와 더불어 민족 교육의 상징으로 자리 잡게 됩니다.

그는 이 무렵에 기독교 신앙을 받아들여 정주에서 오산교회의 설립을 돕고, 그곳에서 세례도 받았습니다. 1910년에 한일강제병합이 시행되자 어려움이 거듭되어 평양의 회사가 문을 닫게 되는데, 시련은 거기서 끝나지 않았습니다. 1911년에는 '안명근 사건'으로 제주도 조천리에 1년 유배를 갔고, 1912년에는 서북 지역 기독인들을 탄압하기 위해 일제가 꾸민 이른바 '105인 사건'으로 10년 형을 받고 투옥되었다가 1915년에 가석방되기도 했습니다. 그런데 옥중에서 신약성경을 백 번이나 읽으면서 그의 신앙은 더욱 깊어졌습니다.

평양 오산학교

1919년 3·1 운동에서

이승훈 선생은 기독교의 대표 격이었으며, 민족 대표 33인 중에서도 가장 영향력이 있는 인물이었다고 합니다. 선생은 여러 종교를 설득해 거사를 함께 할 수 있도록 중재한 인물이기도 했습니다.

기독교인이 가장 많았던 (16명)
민족 대표 33인

민족대표 33인 중 손병희가 가장 먼저 등장하니 천도교가 이 일을 주도한 것으로 오해하는 경우도 있지만, 가장 신망받던 사람은 이승훈 선생이었습니다. 민족 대표들이 기미 독립선언서에 서명할 때 이름의 순서를 놓고 언쟁이 벌어진 적이 있었다고 합니다. 외출했다가 돌아와 이 모습을 본 남강은 외쳤습니다.

"순서는 무슨 순서야! 이거 먼저 죽는 순서야, 죽는 순서. 누굴 먼저 쓰면 어때. 손병희 먼저 써!"

이런 남강의 호통에 서명이 이루어진 것이었습니다. 이승훈 선생은 늘 자신을 드러내지 않고 뒤에서 지원하는 사람이었습니다. 그의 활약 덕분에 3·1 운동 후에는 33인 중 최고형인 3년 형을 언도받고 또다시 옥고를 치릅니다. 선생이 옥중에 있는 동안 오산학교는 일제에 의해 불태워져 폐허가 되었고, 아내마저 세상을 떠났습니다. 그러나 오산학교는 많은 사람의 손길로 1920년에 다시 문을 열었습니다.

자신을 던져 민족의 일꾼들을 길러내다

오산학교는 7명의 학생으로 시작했습니다. 학교를 세우던 날 남강 이승훈 선생은 학생들에게, 배움의 중요성을 가르치며 이런 말을 남겼습니다.

"지금 나라가 날로 기울어져 가는데 우리가 그저 앉아 있을 수 없다. 이 아름다운 강산, 조상들이 지켜 내려온 이 강토를 원수인 일본인들에게 내준다는 것은 차마 있을 수 없는 일이다. … 총을 드는 사람도 있어야겠지만, 그보다 긴요한 것은 백성들이 깨어서 일어나는 것이다. 세상이 어떻게 돌아갈지 모르는 사람들을 깨우치는 것이 제일 급선무다. 우리는 우리를 짓누르는 자를 나무라기만 해서는 안 된다. 내가 못났으니 남의 업신여김을 받는 것이 아니겠느냐? 내가 오늘 학교를 세우는 것도 후진들을 가르쳐 만분의 일이나마 나라에 도움이 되기를 원하기 때문이다. 오늘 이 자리에 일곱 명의 학생밖에 없으나 이것이 차츰 자라나 70명, 아니 700명에 이를 날이 멀지 않을 것이다. 힘을 한데 모아 나라를 빼앗기지 않는 백성이 되기 바란다."

주기철 목사가 이곳에 다닐 때 이승훈 선생은 큰 존경심을 받을 정도로 헌신적인 스승이었습니다. 그 시절의 이런 가르침이 주기철 목사의 일대기에 등장합니다.

평양 오산학교 1회 졸업생들

오산학교 학생들에게 민족정신을
가르치는 이승훈 선생

"밝고 덕스럽고 힘 있는 사람이 되기 전에
는 모든 일이 헛된 수고가 될 것이다. 10년 앓
은 병에 10년 묵은 쑥이 약이 된다고 하거니와
그 쑥이 현재 없으면 이제부터라도 길러서 묵
혀야 할 것이다. 나는 우리 학교 졸업생들이
방방곡곡에 흩어져 백성 속에 들어가 그들을 깨
우치고, 그들의 힘을 길러 민족 광복의 참된 기틀을 마련하
는 자가 되기를 바란다."

그는 아무리 급해도 배움이 없이는 참된 역할을 감당하기 어렵다
는 지혜를 전한 것입니다.

"모든 것은 하나님이 하셨습니다"

평생을 후대의 교육을 위해 애쓰던 이승훈 선생은 1930년 5월에 숨을 거두었고, 언론은 그의 죽음을 대서특필하며 애도했습니다. 그리고 5월 17일에 거행된 장례식은 사회장으로 치러졌습니다. 그는 숨을 거두기 전 어느 날 자신의 동상 제막식에서 말했습니다.

"지금까지 내가 이룬 것은 하나도 없습니다. 모두 하나님이 나를 그렇게 만드신 것입니다…. 나는 배우지도 못했고, 아는 것도 없는 이 동상과도 같은 사람입니다. 그러나 하나님이 나를 이끌어 오늘까지 왔습니다."

남강 이승훈 선생은 배움의 씨앗을 뿌린 민족의 교육자였습니다. 그의 이름은 다른 독립운동가나 위인들만큼 알려지지 않았습니다. 특별한 기념관도 아직 없습니다.

그러나 그가 기른 많은 인재가 조국을 위해, 또 하나님 나라를 위해 곳곳에서 애쓰며 사람들을 이끌었습니다. 그 모든 일은 이승훈 선생의 말처럼 하나님이 역사하신 일이며, 이 땅에 부어주신 하나님의 크나큰 은혜였던 것입니다.

일제의 감시 대상 인물 카드 속의 이승훈 선생

동작구 숭실대학교 한국기독교박물관

이곳은 동작구 상도동 숭실대학교 내 별도의
건물에 마련된 기독교 박물관으로 설립자인
평양숭실대학 출신의 장로교 목사이자
고고학자인 매산 김양선 교수의
한국기독교박물관을 1967년에 기증받아
숭실대 부속 박물관으로 만들었습니다.

3개 층의 상설전시관은 한국기독교역사실, 근대화와 민족운동사실, 고고미술실,
그리고 숭실역사실 등 4개의 테마로 꾸며져 있습니다.
숭실대학교는 미국 북장로회 선교사 윌리엄 베어드(W. M. Baird, 1862–1931, 배위량)
선교사가 1897년 평양에 설립한 숭실학당입니다.

한편, 용산구에는 기독교인이었던 백범 김구 선생의 삶을 볼 수 있는
백범김구기념관, 독립운동과 6·25 전쟁 관련 보훈 유적들이 있는
효창공원이 자리하고 있습니다.

이승훈 관련 유적지

독립기념관 이승훈 선생 어록 비석

천안 목천의 독립기념관에는
이승훈 선생의 말을 새긴 비석이 있습니다.
이곳은 워낙 넓어서 지도를 잘 보고 안내소에서
정확한 위치를 안내받아야 찾아갈 수
있는데, 이승훈 선생의 비석은 본관 건물을 넘어
한참 더 올라가야 찾을 수 있었습니다.
이 큰 돌에는 〈남강 이승훈 선생 말씀〉이라는
제목 아래 다음과 같은 내용이 새겨 있습니다.
"우리가 할 일은 민족의 역량을 기르는 일이지
남과 연결해 남의 힘을 불러들이는 일이 아니다.

나는 씨앗이 땅속에 들어가 무거운 흙을 들치고 올라올 때,
제 힘으로 들치지, 남의 힘으로 올라오는 것을 본 일이 없다.”
1922년 봄에 했던 남강 선생의 이 가르침은 물론 외세의 도움이 아닌
우리 스스로의 힘으로 자주 독립을 이룰 수 있을 정도로 힘을 길러야 한다는 뜻으로
교육의 중요성을 씨앗에 비유한 말입니다.
이승훈 선생의 이와 같은 헌신적인 민족 교육은 흙을 들치고 올라올
강인하고 주체적인 씨앗을 심고 또 기르는 일이었던 것입니다.

제주 조천읍 남강 이승훈 적거주택

서울 어린이대공원의
이승훈 선생 동상

이승훈 선생은 뒤에서 사람을 길러내는 일을 했던 터라
업적에 비해 인지도가 낮아서인지 이렇다 할 기념관은
없고, 서울 어린이대공원을 비롯한 여러 지역에
동상이 세워져 있는 정도입니다.
1911년 9월에 일제는 '데라우치 총독 암살 음모 사건'을
조작해 신민회 간부와 600여 명의 민족운동자들을
대거 체포했습니다.
이는 신민회 사건인데, 그들 중 105명을 재판에 넘겨
이른바 '105인 사건'으로 불립니다.
이 사건으로 이승훈 선생이 1년 동안
유배를 갔던 집이 제주 조천읍에
남아 있지만, 관리 부실로 방치돼
현재는 개방하고 있지 않습니다.

남강 이승훈 적거주택

언더우드가기념관

: 서울특별시 서대문구 연세로 50

언더우드가기념관은 신촌 연세대학교 안에 있는 언더우드 가문의 업적을 기록한 박물관입니다. 언더우드 목사의 아들이자 연희전문학교의 3대 교장 원한경 박사는 1927년에 학교 내 서쪽 언덕에 사택을 지었는데, 그의 아들 원일한 박사가 이 집과 주변 토지를 대학교에 기증했습니다. 학교 측에서는 2003년에 언더우드가(家) 기념관으로 개관했습니다.

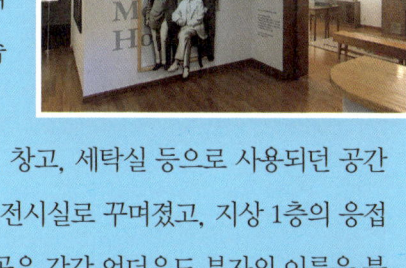

안타깝게도 2016년에 화재가 발생했는데, 뜻있는 많은 사람의 도움으로 2년 후에 재개관했습니다.

언더우드 일가의 아이들 침실, 창고, 세탁실 등으로 사용되던 공간은 '여행'과 '사랑'이라는 주제의 전시실로 꾸며졌고, 지상 1층의 응접실과 서재, 주방과 식당이었던 곳은 각각 언더우드 부자의 이름을 붙인 전시실로 만들었습니다. 또한 자녀들의 놀이공간이었던 다락방은 휴식 공간과 사무실로 사용하고 있습니다.

이 기념관은 마치 유럽의 가정에 온 듯한 느낌을 줍니다. 언더우드의 후손들이 집으로 사용한 공간이기에 아늑하고 편안하며, 아기자기한 곳도 많아 한국을 특별히 사랑한 언더우드가의 여러 흔적을 느낄 수 있습니다.

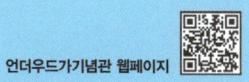

언더우드가기념관 웹페이지

성경과 교육의 기초를 다진 언더우드 1859-1916

: 복음의 불모지 한국과 한국인을 사랑한 선교사

우리나라에서 언더우드의 이름은 많이 알려져 있습니다. 과거에는 한 기독교 대기업에서 만든 '언더우드'라는 의류 브랜드가 있었을 정도로 친숙한 이름입니다. 그는 아펜젤러와 같은 날 입국했는데, 주로 평양과 서울 같은 중심지에서 활동했기에 남북이 분단된 지금은 서울의 새문안교회와 연세대학교, 그리고 세브란스병원 등지에서 그의 이름을 자주 볼 수 있습니다.

언더우드는 성경 번역과 교회 설립, 문서 선교 사역, 의료 선교 등 다양한 분야에서 헌신했고, 그가 사망한 뒤에도 그의 자손들이 지속해서 한국을 위해 헌신했습니다. 그래서 언더우드의 사역을 기리는 기념관은 그 이름부터 언더우드가(家)기념관입니다.

언더우드의 선구자적 선교 사역은 후대에 많은 영향을 미쳤고, 여러 분야에서 표준이 되었습니다. 그 모든 일이 가능했던 것은, 조선인을 향한 긍휼의 마음으로 고난의 길을 택한 언더우드의 굳은 믿음과 영혼을 사랑하는 마음 때문이었습니다.

호러스 언더우드

아무도 가려고 하지 않던 조선 땅

1859년, 영국 런던에서 출생한 호러스 그랜트 언더우드(Horace G. Underwood)는 어린 시절에 어머니와 할머니가 한꺼번에 돌아가시는 큰 슬픔을 안고 아버지와 형제들과 함께 미국의 뉴저지로 이주합니다. 아버지의 사업이 어려웠기에 고생도 많았는데, 대학교 때는 아버지마저 세상을 떠나고 말았습니다.

학업과 신앙생활을 늘 열심히 했던 언더우드는 대학 졸업 후 뉴브런즈윅 신학교에 들어갔습니다. 1884년에는 목사 안수도 받았습니다. 늘 선교에 관심이 많았던 그는 원래 인도에서 의료선교를 하고 싶었기 때문에 1년 동안 의학공부까지 했고, 힌디어까지 배우면서 차근차근 준비를 해나갔습니다.

당시 조선은 잘 알려지지 않아 베일에 가려진 은둔의 나라로 통했고, 미개인들이 사는 불모지로 여겨지기도 했습니다. 미국 교회들도 조선에 선교사를 보내는 일에는 거의 관심이 없을 때였습니다.

그런데 언더우드가 신학교를 졸업하기 전, 비슷한 또래의 아펜젤러와 함께, 알버트 앨트먼 목사가 선교사 모임에서 조선에 대해 하는 이야기를 듣게 되었습니다.

"조선은 문호를 개방했는데, 아무도 가지 않아 1,300만 명의 영혼이 복음이 무엇인지도 모른 채 가난과 질병으로 신음하고 있습니다. 이제 관심을 가져야 합니다. 주님이 그 땅에 갈 사람을 찾으십니다."

언더우드도 안타까운 마음이 들었지만, 자신은 계획대로 인도로 갈 생각이었습니다. 그런데 신학교 동료들에게 조선에 대해 아무리 이야기해도 아무도 가려고 하지 않자 그는 안타까운 마음으로 기도했습니다. 누군가 조선에 가게 해 달라고…. 그런데 그때 마음에 울리는 소리가 있었습니다.

'너는 왜 조선에 가려고 하지 않느냐?'

그러나 마침 인도로 갈 수 있겠느냐는 개혁교회 선교부의 연락이 왔고, 그는 수락하는 편지를 썼습니다. 그런데 편지를 우체통에 넣으려는 순간 그제야 깨달음이 왔습니다.

"하나님, 제가 가기를 원하시는군요!"

한글과 한국을 사랑한 언더우드

언더우드는 이미 목회자였기에 조선에 가면 탄압이 심할 거라면서 가족들의 걱

정도 컸지만, 그는 이미 마음을 굳혔습니다.

그렇게 고국을 떠난 언더우드는 1885년에 일본을 거쳐 조선으로 들어가던 중 일본에 유학 온 이수정을 알게 되어 큰 위로를 얻었습니다. 이수정은 우리가 쓰는 성경의 초창기 번역 작업을 한 사람입니다. 언더우드를 만난 그는 너무나 감격하여 "제 기도가 응답됐습니다. 오래전부터 조선에 선교사를 보내달라고 기도했습니다."라고 말하며 번역한 복음서를 건넸습니다.

언더우드는 그때 조선에도 문자가 있다는 것을 알게 되었다고 합니다. 후에 그는 한글이 조선의 다른 모든 유산과 바꿔도 아깝지 않을 만큼 훌륭한 문화유산이라고 생각했습니다.

언더우드학당(구세학당)의 옛 모습

그래서 언더우드는 조선의 글과 말, 한자, 언어, 토속종교 등을 깊이 연구하면서 〈한영사전〉, 〈영한사전〉, 〈한글문법서〉 등을 펴냈습니다.

입국 후 약 2년은 한국어를 배우며 약제사로 일한 언더우드는 최초의 서양 의사인 알렌을 도와 제중원에서 환자를 돌보기도 했습니다. 그때 제중원에는 하루 70명의 환자가 내원했고, 4~6명은 수술을 해야 했습니다. 1886년에 열린 의학교에서는 한국어로 물리와 화학을 가르쳤다니 그의 열의와 장기적인 계획을 알 수 있습니다. 그해 언더우드는 서울 정동의 자기 집에 예수학당을 만들어 고아들에게 공부를 가르쳤습니다. 이 학교가 도산 안창호 선생 등이 다닌 구세학당인데, 나중에는 경신학교와 연세대학교로 발전합니다.

1887년 9월 27일, 언더우드는 자기 집 한옥 사랑채에서 로스 선교사와 여러 조선인과 첫 예배를 드리는데, 이것이 바로 새문안교회의 시작이었습니다.

언더우드는 미국 북장로교에서 의료선교사로 온 릴리어스 호튼 선교사를 알게 됩니다. 그녀는 명성황후의 신임을 얻은 주치의로 유능하고 마음이 따뜻한 여의사였습니다. 그녀에게 반한 언더우드는 청혼을 하지만, 그녀는 언더우드보다 8살이나 많은 1851년생이었기에 정중히 거절했습니다. 그러나 언더우드의 마음은 변하지 않았고 결국 그녀도 마음을 열어 청혼을 받아들였습니다.

1889년에 결혼한 두 사람은 신혼여행 겸 선교여행으로 평양을 거쳐 청나라 경계인 의주까지 여행하며 기독교인을 만나면 세례를 베풀고, 환자를 만나면 약을 건네며 치료해 주었습니다.

새문안교회의 시작인 언더우드의 집

언더우드의 다양한 선교 사역

성경 번역은 언더우드의 중요한 사역이었습니다. 이수정과 존 로스의 번역본이 있었지만, 좀 더 완성도 높은 성경을 번역한 언더우드의 '한글성서번역자회'는 1900년에 신약성서를 완역했고, 1911년에는 구약성서를 완성했습니다. 이 모임이 오늘날 대한성서공회로 발전했습니다.

당시에는 하느님, 하나님, 천주 등 기독교의 신을 부르는 명칭이 혼용되었는데, 언더우드가 '하나님'을 받아들이면서 논란이 종결됐다고 합니다. '하나님'은 '하느님'(하늘+님)의 방언이지만, '하나+님'이라는 의미도 되기 때문에 삼위일체 유일신을 뜻하는 용어로 정착되었습니다.

그는 이미 1889년에 최초로 117편의 찬송 악보를 수록한 〈찬양가〉를 발간하기도 했습니다. 또한 〈그리스도신문〉을 발행했는데, 복음과 신앙 관련 소식도 전하고 삶에 필요한 다양한 생활정보도 제공해 화제를 모았습니다. 또 언더우드는 1903년에 아펜젤러와 함께 크리스천 젊은이들의 선교 훈련장인 YMCA를 창설합니다.

언더우드의 빛나는 업적 중 하나는 최초의 종합대학교인 조선기독교대학(연희전문학교)을 설립한 것입니다. 1885년, 알렌이 세운 제중원은 캐나다 의사 에비슨이 후임으로 온 뒤에 세브란스의과대학이 되는데, 이 두 학교가 합쳐진 것이 지금의 '연세' 대학교와 최초의 근대식 대학병원인 연세의료원, 세브란스병원이 되었습니다. 미국의 철강회사 갑부인 세브란스가 제중원에 큰돈을 기부하면서 이루어진 일이었습니다.

루이스 세브란스

조선을 위해 많은 일을 하면서 명성황후 시해사건 뒤에 고종을 위로하며 자주 궁궐에 드나들던 언더우드는 자신이 만드는 신문을 통해 비판하기도 했는데, 그 때문에 일제로부터 많은 탄압과 감시를 받기도 했습니다.

언더우드 일가의 특별한 한국 사랑

그렇게 불철주야 일생 한국을 위해 애쓰던 언더우드는 건강이 나빠져 미국으로 휴식하러 갔지만, 그곳에서도 선교 보고와 기부금 마련을 위해 또 분주하게 다니다가 몸져눕게 되었습니다. 그리고 57세였던 1916년 10월 12일, 다시 돌아가고 싶은 조선 땅을 그리던 언더우드는 결국 하나님 품에 안겼습니다.

그의 한국명은 '원두우'였습니다. 본관은 신촌 원 씨로 했는데, 1890년에 태어난 원한경은 연희전문학교에서 일하면서 일제의 만행을 세계에 알리는 등 한국을 위해 많은 일을 했습니다. 또 에비슨 후

임으로 교장을 맡기도 했습니다. 안타깝게도 그의 아내는 공산당에 피살되는 아픔을 겪었습니다. 그런데도 장남 원일한 선교사까지 연세대학교 교수로 근무했습니다.

언더우드는 이 땅에서 완전한 이방인이었으나, 조선인들보다 더 우리나라를 사랑한 선교사였습니다. 그가 처음 조선에 발을 디뎠을 때는 그저 황무지나 다름없었습니다. 조선을 위해 처음 드렸던 그의 기도가 오늘날 하나님의 은혜로 그대로 이루어졌음을 알 수 있습니다.

"주여! 지금은 아무것도 보이지 않습니다. 우리가 어떻게 그 넓은 태평양을 건너왔는지, 그 사실이 기적입니다. 지금은 예배당도 학교도 없고 경계와 의심의 눈초리로 가득하지만, 이곳이 머지않아 은총의 땅이 되리라 믿습니다."

우리가 누리는 복음과 문화와 풍족함에 공짜는 하나도 없습니다. 이 땅에 그를 보내신 하나님께 영광을, 그리고 그 명령에 순종한 언더우드 가족에 존경과 감사를 보냅니다.

언더우드 100주기를 기념해
연세대학교에 모인
28명의 언더우드 후손

연세대학교 윤동주기념관

연희전문학교 문과 출신의 민족시인 윤동주(1917-1945)를 기념하는 공간인 이곳은 연세대학교 내 핀슨관에 있습니다. 언더우드가기념관에서도 가까운 핀슨관은 연희전문학교의 기숙사로 사용되던 공간인데, 그 자체로 유서 깊은 건물입니다.

연세대 윤동주 기념관과 윤동주 시비

기념관에서는 윤동주와 그의 친구들이 남긴 유품과 자료들을 감상할 수 있고, 윤동주 시인과 관련한 현시대의 문화와 출판물 등을 만나볼 수도 있습니다. 이 기념관의 입장은 무료지만, 사전 예약제로만 운영됩니다. 하루 전까지 연세대 윤동주기념관 홈페이지에서 '네이버 예약'을 통해 예약하고 방문하면 되는데, 도슨트 해설 관람과 미해설 관람을 선택할 수 있습니다. 4월부터 11월까지는 격주 목요일마다 야간 개관도 하고 있으며, 야간에도 해설 관람 시간이 있습니다. 종로구 청운동에는 윤동주문학관도 있습니다. 핫플레이스가 많은 부암동 근처라서 많은 견학과 관람이 이어지는 곳입니다. 이곳은 폐기된 상수도 가압장을 리모델링해서 테마로 활용한 독특한 공간으로 건축상도 여러 차례 받았습니다.

종로구 새문안교회

언더우드가 만든 광화문 새문안교회는 한국에서 제일 먼저 만들어진 장로교회이면서 가장 잘 알려진 교회이기도 합니다. 옛 이름은 '정동교회'인데, 정동교회 하면 아펜젤러의 벧엘예배당인 정동제일감리교회를 주로 떠올리지만, 언더우드의 교회는 정동장로교회로 지금의 광화문 새문안교회입니다.

처음에 불과 14명의 교인이 언더우드의 사랑방에서
모였지만, 언더우드가 입국한 지 25년이 되던
1910년에는 무려 1,500명이 함께 예배할 수 있는
벽돌 건물이 지어져 모두를 놀라게 했습니다.
지금 광화문에 있는 새문안교회는 2019년에
여섯 번째로 건물을 신축해 지상 13층, 지하 5층의
새로운 예배당으로 입주했습니다.

 여긴 어때요?

양화진 외국인선교사묘원 언더우드 가문 묘

서울 합정역 양화진 외국인선교사묘원에는
언더우드 가문의 묘역이 있습니다.
이곳에는 특별히 더 많은 묘비와 가족묘가
함께 있는데요. 그만큼 우리나라에 헌신한
가족이 많다는 증거일 것입니다.
언더우드(원두우)의 아들 원한경은
한 간행물을 통해 "3.1운동은 약소국가의
자결권을 위해 강대국에게 영웅적이고
비폭력적으로 호소하는 독립운동이었다."라
고 말했고, 일본군의 만행인 제암리학살사건
을 외신 특파원을 통해 미국에 알렸습니다.
그의 세 아들은 한국전쟁에도 참전했는데,
언더우드가기념관에는 그 흔적들이
사진으로 남아 있습니다.

인천·경기

사랑하는 자여 네가 무엇이든지 형제 곧
나그네 된 자들에게 행하는 것은 신실한 일이니 (요삼 1:5)

인천광역시 중구 로제타홀기념관
인천광역시 강화군 송암박두성선생생가터
경기도 안산시 최용신기념관

인천·경기 볼거리

송도 센트럴파크 / 월미테마파크 / 영종도 / 무의도 / 석모도 자연휴양림 / 강화루지
오이도 빨간 등대 / 경기도미술관 / 유리섬 박물관 / 대부도 / 제부도 / 안산식물원 등

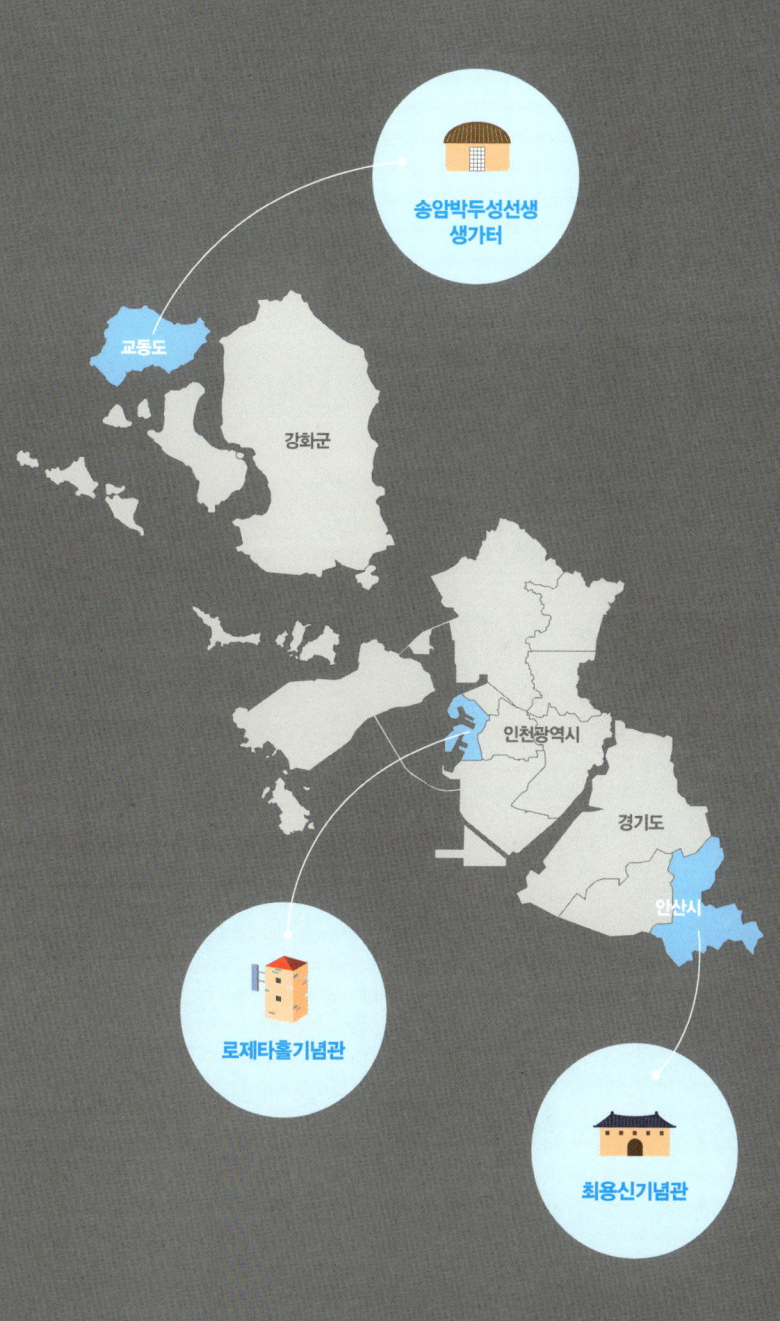

송암박두성선생
생가터

교동도

강화군

인천광역시

경기도

안산시

로제타홀기념관

최용신기념관

로제타홀기념관

: 인천광역시 중구 경동 224

감리교 역사보전위원회와 인천기독병원 원목실이 관리하는 로제타홀기념관은 한국전쟁 때 부상자와 피란민을 위해 세워진 의료시설인 인천기독병원 바로 근처에 있습니다. 이곳 인천 제물포 지역은 부산에 도착했던 최초의 외국인 선교사들이 거쳐 간 곳이기도 하고, 기독교가 본격적으로 들어온 관문이기도 합니다.

사실 로제타 홀 패밀리의 많은 업적과 커다란 희생에 비하면 기념관의 규모가 크지 않지만, 이 가족의 숭고한 희생과 헌신을 기억할 만한 흔적들을 보존하고 있습니다.

기념관 안에 전시된
셔우드 홀의 친필

전시관에서는 홀 패밀리의 일생을 안내하는 전시물과 셔우드 홀의 친필 문서, 책자들과 오래전 성경도 볼 수 있습니다. 또한 그들이 직접 사용하던 물건은 아니지만, 그 시대에 사용했을 법한 의료기구와 왕진가방 등이 전시돼 있습니다.

또 다른 층에는 외국인 무료진료소가 있어서 공휴일에 상담과 진료를 해주고 있는데, 특히 현재 불법 체류 중인 외국인어도 누구든지 비용 없이 진료를 받을 수 있습니다. 이는 낯선 나라에 와서 조건 없이 도움을 준 로제타 홀 가족의 정신을 기리는 아름다운 자선사업입니다.

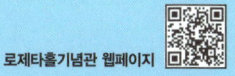

로제타홀기념관 웹페이지

초기 여성 의료의 개척자
로제타 홀 1865~1951

: 온 가족의 헌신으로
한국 의료의 기초를 놓다

　로제타 셔우드 홀(Rosetta S. Hall)은 한국 초창기의 의료선교사였는데, 그녀 자신은 물론 남편과 아들까지 한국을 위해 헌신했습니다. 그들 가족의 업적은 우리나라에 꼭 필요한 선구자적인 일들이 많았습니다. 로제타 홀은 이대부속병원 설립에 기여했고, 고려대 의과대학을 설립하기도 했습니다.

　이들 가족은 평양과 서울에서 환자를 치료하고, 여성을 치료할 병원을 만들었으며, 한국인 여의사를 양성하고, 장애인들에 대한 인식을 개선하는 동시에 점자를 개발해 직접적으로 돕기도 했습니다.

　로제타와 함께 조선에 온 남편 윌리엄 제임스 홀은 너무나 젊은 나이에 열병으로 우리나라에서 순직했고, 로제타 홀과의 사이에서 낳

은 딸도 일찍 숨을 거두었습
니다. 게다가 그들의 아들 셔
우드 홀은 부모와 같은 의사
가 되어 일제에 의해 추방되
기까지 한국을 위해 온 힘을
다했습니다. 그리고 그들은

윌리엄 홀과 로제타 홀 부부

모두 한국 땅에 묻히기를 원해 지금도 양화진 외국인 선교사 묘지에
나란히 자리를 잡고 있습니다.

윌리엄 홀과 로제타 홀은 100년도 넘은 오랜 옛날에 인천 율목리의
낡은 병원을 사서 제물포 지역 주변의 여성들을 치료하는 인천부인
병원을 세웠고, 6·25 전쟁 이후로는 인천기독병원을 설립했습니다.

황무지와도 같던 한국에 서양식 의료기술을 전하고 또 많은 목숨을
건진 의료 선교사 로제타 홀 가족이 아니었다면 국내 최고의 병원과
의료시설들은 없었을 것입니다. 미국 감리교의 파송으로 조선에 온
이들은 결핵을 비롯한 질병들을 치유하기 위해 물불을 가리지 않고
연구하며 또 헌신했습니다.

조선에서 결혼한 윌리엄과 로제타 홀

윌리엄 제임스 홀(William J. Hall)은 1860년에 캐나다 온타리오주 글
렌 뷰엘에서 농부의 아들로 태어났습니다. 그는 처음에 목수 일을 배
웠지만, 좀 더 가치 있는 일을 하고 싶다고 생각하다가 이웃의 권유

로 의사가 되기로 합니다. 퀸즈의과대학에 입학한 홀은 학교에 방문한 존 포먼 목사에게 감화를 받아 해외 선교에 눈을 떴고, 29세로 졸업한 뒤부터 '인품이 훌륭한 닥터 홀'로 불렸습니다.

　의사로 일하던 닥터 홀의 병원에 새 여의사가 왔는데, 그녀가 로제타였습니다. 두 사람은 함께 일도 하고 빈민가 봉사 사역도 함께했습니다. 처음부터 로제타에게 마음을 빼앗긴 홀은 그녀에게 청혼을 했지만 거절당하고 맙니다.

　로제타 홀은 한 인도 선교사 부인의 체험담을 듣고, 선교지에는 여성 의료인이 필요하다는 생각에 헌신을 결심했습니다. 여성들은 부인병 등으로 아파도 남성 의사에게 보일 수 없는 현실을 안타깝게 생각한 로제타는 펜실베이니아 의대를 졸업한 뒤 미국 북감리회 해외 선교위원회에서 5년 동안 독신으로 사역할 것을 서약하고 파송 선교사가 됩니다. 아직 그 기간이 끝나지 않았고, 두 사람 모두 중국으로 파송될 예정이었지만, 로제타는 조선으로 사역지가 바뀌었기에 닥터 홀의 청혼에 망설인 것이었습니다.

　로제타는 얼마 후 닥터 홀의 청혼을 받아들였고, 약혼을 한 뒤 1890년 10월에 조선으로 먼저 떠났습니다. 닥터 홀은 중국 파견이 확정적이었지만, 선

한국 최초의 여성 병원 보구녀관

교위원회에 요청해 조선으로 사역지를 변경함으로써 두 사람은 만나게 되었습니다.

　로제타는 도착한 다음 날부터 정동 이화학당 근처의 최초 여성 병원인 보구녀관(普救女館)에서 진료를 시작했습니다. 같은 기관에서 파송한 메타 하워드가 1887년에 만든 진료소였습니다. 선교사들이 세운 이 병원은 극빈층을 거의 무료로 치료해 주었습니다. 1893년에 보구녀관의 분원 격인 볼드윈 시약소가 동대문에서 개원했는데, 보구녀관은 이곳으로 통합해 동대문 부인병원으로 불리게 됩니다. 미국 북장로회 선교사들은 제중원 등 국가 시설을 무대로 진료했고, 북감리회는 자체 시설들을 만들어 의료사역을 확장해 갔습니다.

　조선 초기의 서양 의술은 조선인들에게 신기한 마술처럼 보였습니다. 떨어진 귀를 붙여 놓기도 하고, 태어날 때부터 붙어 있던 세 손가락을 원상 복귀시켜 주기도 했으니 말입니다. 로제타는 자기 피부를 떼어 환자에게 이식할 정도로 헌신적이었습니다.

　닥터 홀은 1891년 12월, 조선에 도착해 로제타를 만났습니다. 이제 약혼한 사실을 선교사들에게 공개하고 이듬해 6월에 선교사 스크랜턴 여사의 집 정원에서 행복한 결혼식을 올렸습니다.

짧았던 행복, 두 아이와 홀로 남은 로제타

하지만 평양이 사역지였던 닥터 홀은 2주 뒤에 떠나야 했고, 로제타만 남았습니다. 두 사람이 다시 함께 생활하게 된 것은 3년 반 뒤인 1894년 5월이었는데, 행복한 시간도 잠시, 6개월 뒤인 1894년 11월 24일에 닥터 홀이 사망하게 됩니다. 청일전쟁의 부상자들을 돌보다가 발진티푸스 열병에 걸렸던 것입니다. 윌리엄 제임스 홀은 그렇게 34살이라는 젊은 나이에 사랑하는 아내를 두고 먼저 떠났습니다. 두 사람 사이에는 아들 셔우드가 있었고, 로제타의 배 속에는 유복자 딸도 있었기에 너무나 안타까운 죽음이었습니다.

로제타는 남편의 장례를 치르고 미국의 친정으로 돌아가 딸 에디스를 출산합니다. 그리고 1897년 11월, 편안한 삶을 뿌리치고 다시 조선을 향했습니다. 그런데 제물포에 도착하자마자 로제타와 두 아이 모두 이질에 걸리고 맙니다. 안타깝게도 이때 어린 딸 에디스를 잃고 말았습니다.

그러나 로제타는 다시 사역에 나섰습니다. 남편의 사망 위로금으로는 평양에 기홀병원을 열었습니다(윌리엄 홀을 기념한다는 뜻). 그녀는 또 광혜의원을 열었는데, 이 두 병원은 나중에 성산 장기려 박사가 일하기도 했던 평양연합기독병원이 됩니다.

1900년대 초의 평양 기홀병원

로제타는 이 병원에서 딸 에디스를 기념하는 어린이 병동을 추가 건립하고 맹아 교육도 시작했습니다. 또한 평양맹학교를 설립하기도 했습니다.

그녀는 여성 의료인 양성을 위한 조선여자의학전문학교를 창립했고, 1903년부터는 마거릿 에즈먼드를 도와 보구녀관간호학교를 통해 간호사를 배출합니다. 여자가 의사가 되는 것에 부정적이었던 한국 의사들을 설득해 1928년 산부인과 의사 길정희와 조선여자의학강습소를 세웠는데, 이것이 오늘날 고려대학교 의과대학으로 발전했습니다.

닥터 로제타는 자식처럼 키운 제자 김점동을 한국 최초의 여의사로 양성하기도 했습니다. 그녀는 미국 유학을 했고, 남편 성을 따라 박에스더라는 이름으로 활동한 여성이었는데, 한참 활동 중이던 34세에 폐결핵으로 사망하고 말았습니다.

로제타는 선교사 일을 1930년에 마치고 미국으로 돌아가 1943년에 은퇴합니다. 그리고 1951년 4월에 85세를

로제타 홀과
아들 셔우드, 딸 에디스,
(뒤에) 박에스더와
그녀의 남편 박유산

일기로 별세했습니다. 그리고 유언에 따라 다른 모든 가족이 묻혀 있는 한국의 양화진 외국인선교사묘원에 안장되었습니다.

어머니와 아버지를 이은 셔우드의 한국 사랑

한국을 향한 홀 가족의 헌신은 여기서 끝이 아닙니다. 윌리엄 홀이 남기고 간 어린 아들 셔우드는 아버지에 대한 기억이 없었습니다. 태어난 지 1년도 안 되어 아버지를 잃었기 때문입니다. 셔우드 홀(Sherwood Hall)은 어릴 때 평양 외국인학교를 다녔고, 1923년에는 캐나다 토론토의과대학을 졸업했습니다. 그는 1926년에 아내 매리언 함께 다시 한국으로 돌아왔고, 해주구세병원에서 사역을 시작했습니다. 1920년대에는 결핵이 심각했습니다. 셔우드는 다른 나라의 결핵 사망자가 5%인데, 한국에서는 20%나 되는 것에 주목했습니다. 그리고 1928년에 해주구세요양원과 결핵위생학교를 설립했습니다. 병원에는 어머니 로제타를 기념한 예배당을 만들기도 했습니다.

셔우드 홀이 만든 최초의 씰
씰(seal)은 우표처럼 생긴 것인데, 우표를 대신할 수는 없지만 성탄절 전후에 우편물을 보낼 때 추가로 붙이거나 서로 나누며 기금을 모으고, 결핵에 대한 경각심을 갖게 했다.

이 병원과 학교는 결핵 확산 방지에 큰 기여를 했고, 1953년에 민간단체인 대한결핵협회가 창설되는 계기를 제공했습니다.

셔우드는 결핵의 예방과 계몽, 그리고 소액으로도 결핵 환자를 도울 수 있도록 1932년부터 크리스마스 씰을 판매했습니다. 처음에는 거북선을 담고자 했지만, 일제의 거부로 남대문을 넣었는데, 그마저도 쉽지 않았다고 합니다.

일제에 밉보인 셔우드는 1940년에 범죄

자로 누명을 쓰고 3년 징역형과 5천 엔 벌금형을 선고받았고, 나중에는 독립군의 간첩으로 몰려 고문도 받다가 추방되고 말았습니다. 셔우드 홀은 1982년에 서울을 방문해 국민훈장 모란장을 받을 때, 아버지 윌리엄 홀이 세운 광성고등학교 예배에 참석해 이렇게 말했습니다.

"저는 여전히 한국을 사랑합니다. 제가 죽거든 제가 태어나 자랐던 사랑하는 이 나라, 사랑하는 부모님과 동생이 잠들어 있는 한국 땅에 묻어주시기 바랍니다."

추방당한 뒤로 셔우드는 인도에서 결핵 퇴치 운동을 하며 사역하다가 1991년에 98세로 별세했습니다. 지금은 그의 소망대로 대한민국의 양화진에서 사랑하는 가족들과 함께 잠들어 있습니다.

셔우드 홀의 가족과
어머니 로제타 홀(맨 오른쪽)

인천 중구 한국기독교 100주년 기념탑

인천 중구 항동에 있는 이 탑은 1885년 부활절에
아펜젤러 선교사 부부와 언더우드 선교사가
한국에 복음을 전하고자 인천에 처음 도착한
것을 기념하고, 이들의 순교자적 선교정신을
기리기 위한 기념탑입니다.
이 기념탑은 선교 100주년 해인 1984년 11월에
기공해 1986년 3월 30일 부활절에 준공했습니다.
교회 종탑을 형상화한 높이 17m의 이 기념탑은
하나님의 은혜로 이 땅에 처음 복음의 빛이
들어온 시간을 기억하는 의미의 구조물입니다.

인천 중구 내리교회

내리교회 제물포웨슬리예배당

개화기 선교의 역사를 고스란히 간직한
내리교회는 복음은 물론 신문물이
들어오는 통로이기도 했습니다.
처음에 제물포교회, 웨슬리회당 등으로
불린 내리교회는 아펜젤러, 올링거,
스크랜턴 등의 선교활동으로 생긴
교인들의 모임으로 시작했습니다.
이 교회는 선교 100주년 기념 예배당,
아펜젤러 비전센터, 예전 모습을 복원한 십자가형의 제물포웨슬리예배당 등
3개의 건물로 이루어져 있습니다. 또한 교회 곳곳에 선교 역사 자료와 사진 등을
전시하고 있어서 기독교 초기 선교에 관한 박물관의 역할도 하고 있습니다.

이대서울병원 보구녀관

이화학당의 초대 학장인 스크랜턴 선교사가
1887년에 만든 최초의 여성병원 보구녀관(普救
女館)을 이대서울병원에 복원한 건물입니다.
여성과 아동을 무상진료하면서 개관한
이 병원은 1년 만에 환자가 1천 명 넘게
몰려들었다고 합니다. 로제타 홀이 처음 조선 땅에 와서 바로 진료를 시작한 곳이지요.
주변에 설립자 메타 하워드의 고백과 이곳에 기여한 의료인들에 관한 전시판도 있는데,
내부에는 초기 진료에 얽힌 사진 자료와 유품이 전시돼 있습니다.

여긴 어때요?

양화진 외국인선교사묘원 홀 가족 묘역

2호선 합정역 한국기독교100주년기념관과 함께 있는 외국인선교사묘원(서울외국인묘지공
원)은 우리나라에서 사역하다가 숨진 주요 외국인 선교사들이 묻힌 곳입니다.
이곳에는 15개국에서 온 417명의 선교사가 안장돼 있습니다.
1890년에 조선 정부가 토지를 제공하고, 미국공사관의 요청으로 양화진에 외국인선교사

묘원이 세워졌습니다.
각 선교사의 묘역을 찾을 때는 홈페이지에서
안장자 명단과 묘의 위치를 PDF 파일로
다운로드해서 구역별로 찾아갈 수 있는데,
현장의 팻말에도 안내가 되어 있습니다.
이 땅에서 순교하거나 순직한 선교사들이
아니었다면 지금의 교계는 물론 교육, 문화,
의료계가 이만큼 발전할 수 없었을 것을
생각하면서 하나님께 감사드리는 계기로
삼으면 좋을 것입니다.

송암박두성선생생가터

: 인천 강화군 교동면 교동남로 423번길 70

지금은 모두 다리로 연결된 강화군의 교동도에 가면 이른바 '시각 장애인들의 세종대왕'인 송암 박두성 선생의 고향 생가터가 있습니다. 민통선에 가까운 지역이라 교동대교를 건널 때 신분증을 지참해야 합니다.

섬에서도 농지를 따라 한참 들어가면 나오는 박두성 선생의 생가는 잘 정돈된 생가 복원물과 점자에 관한 안내문 등이 있어서 이곳만 잘 둘러봐도 박두성 선생의 생각과 애맹정신을 알 수 있게 했습니다. 박두성 선생의 업적과 어록 등을 게시물로 정리한 것은 물론 잠시 쉬어갈 수 있는 의자마저 점자를 테마로 형상화한 듯 흥미롭게 구성돼 있습니다. 한쪽에는 바다를 배경으로 한 선생의 흉상과 부조물도 마련돼 있습니다.

주차 공간도 있고, 공간이 꽤 넓은 박두성 선생의 생가터는 산과 바다를 사이에 둔 공간으로 고요하고 평화로우면서도 아늑합니다. 근처에 시원하게 뻗은 해안도로에는 '송암박두성로'라는 이름이 붙어 있습니다. 박두성 선생이 다녔던 교동교회는 현재 없어졌지만, 인터넷에는 예전 자료가 남아 있어서 헛걸음할 수 있으니 주의해야 합니다.

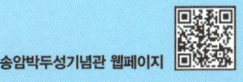
송암박두성기념관 웹페이지

훈맹정음의 창시자
박두성 1888-1963

: 시각장애인들에게
점자 한글을 선물한 참 교사

'몸이 천 냥이면 눈은 구백 냥'이라는 말처럼 사람이 앞을 보지 못한다는 것은 매우 큰 고통이자 불편입니다. 그런데 글조차 읽을 수 없다면 얼마나 불편할까요?

송암 박두성 선생은 일제강점기에 교사로 일하다가 한글 점자 독법을 개발한 분으로 시각장애인들에게는 절대적인 영향을 미친 분입니다. 독실한 그리스도인이었던 박두성 선생은 신구약성경 전체를 점자로 만들기도 했습니다. 구텐베르크가 처음 인쇄술을 개발한 뒤에 처음 인쇄한 것도 성경이었는데, 송암 선생도 문자와 활자로 하나님의 말씀과 복음을 전달하는 일은 참으로 귀하고 꼭 필요한 일이라고 생각했습니다.

굳은 신앙과 긍휼한 마음으로 시각장애인들의 삶에 꼭 필요한 일

을 위해 평생을 헌신한 박두성 선생의 삶은 소
외된 사람들을 우리에게 맡기신 하나님의 뜻
을 살필 수 있는 귀한 본보기입니다.

학교 교사로서 만난
시각장애인들의 현실

박두성 선생은 인천 강화군의 교동도에서
태어났습니다. 지금은 다리가 연결되어 자동차로 바로 갈 수 있는 곳
이지만, 선생이 태어난 1888년만 해도 작은 섬이었습니다. 지금도
그곳은 산과 바다가 어우러진 조용하고 고즈넉한 마을입니다. 선생
은 그곳에서 교동도 최초로 생긴 구 교동교회에 다니며 예수님을 믿
었습니다. 가난한 농부의 아들인 그는 농사일을 도우며 서당에서 열
심히 공부하던 아이였다고 합니다.

1895년부터 4년 동안 기독인 독립운동가 이동휘 선생이 설립한 강
화도의 보창학교에서 신교육을 받은 박두성 선생은 이후 한성사범학
교에서 공부한 뒤에 어의동 보통학교의 교사가 됩니다. 소나무 같은
절개를 뜻하는 '송암'이라는 아호도 이동휘 선생으로부터 받았습니
다. 당시 일제는 조선인 유화정책으로 조선총독부 제생원 내에 맹아
부를 두고 있었는데, 송암 선생은 이곳으로 발령을 받게 됩니다. 아
마도 당시에는 장애인 특수교사 같은 것이 없었던 모양입니다.

그런데 맹아부에 처음 간 송암 선생은 학교의 모습에 충격을 받았

습니다. 일본인 교사가 앞
을 보지 못하는 아이들을
다그치며 강압적으로 가르
치고 있었기 때문입니다.
이때 송암 선생은 아무도
생각하지 않았던 시각장애
인 교육에 눈을 뜨고, 아이

박두성 선생의 교육이 시작된
조선총독부 제생원

들은 물론 앞을 보지 못하는 사람들의 어려움을 절감하게 됩니다. 그
는 이때부터 손끝으로 만져서 읽을 수 있는 점자 교과서의 필요성을
주장했고, 1913년 8월에는 일본에서 점자인쇄기를 들여와 (비록 일어였
지만) 최초로 점자 교과서를 출판했습니다.

이후 일제 치하에서도 1926년 11월 4일에 6점식 한글 점자, 이른바
훈맹정음을 발표하고, 광복 이후까지 갖가지 유익한 책과 성경을 인
쇄하며 시각장애인들을 위해 평생 헌신했습니다.

앞 못 본다고 사람을 통째로 버릴 순 없어

당시에는 수업이 일본어로 진행돼 시각장애아들은 이중의 어려움
에 놓여 있었습니다. 점자가 있다 해도 일본말이라 쉽지 않았기에 송
암 선생은 일본인 교사의 수업을 조선말로 옮겨주기도 했지만, 그 모
든 과정은 너무 복잡하기만 했습니다.

게다가 1919년에 3·1운동이 일어나자, 일제의 탄압은 날로 심해져

조선어 과목 자체가 없어질 위기에 처했습니다. 이때 송암 선생은 당당하게 항의했습니다.

"눈이 없다고 사람을 통째로 버릴 수 있소? 앞 못 보는 사람에게 모국어를 안 가르치면 이중의 불구가 되어 생활을 못 할 것이외다. 눈 밝은 사람들은 자기만 노력하면 얼마든지 읽고 쓸 수 있지만, 실명한 이들에게 조선말까지 빼앗는다면 눈 먼데다 벙어리까지 되란 말 아니오?"

박두성 선생은 무엇보다 한글 점자가 필요하다는 것을 깨닫고 뜻을 같이하는 사람들을 모아 1920년경 연구를 시작했습니다. 제자들 8명과 함께 조선어 점자연구위원회(육화사)를 비밀리에 조직한 것이었습니다. 점자는 무엇보다 배우기 쉽도록 점의 개수가 적어야 했는데, 그렇게 탄생한 것이 6점식 점자입니다. 6개의 점 중에 도드라진 개수로 초성, 중성, 종성을 표현하는 방식이었습니다. 1897년에 로제타 홀 선교사가 최초로 미국의 4점식 점자를 변형해 교재를 만들었지만, 초성·중성·종성 구분이 되지 않는 등 한계가 있었던 것입니다.

1926년, 훈민정음 반포일과 같은 날인 11월 4일, 7년 가까운 연구 끝에 드디어 훈맹정음이 발표되었습니다. 오늘날 '한국 점자의 날'이 된 이날 송암은 전국의 시각장애인들에게, 마치

한국 공식
촉각 문자인
6점식 점자의 원리

훈민정음처럼 취지문을 발표했는데, 아마 시각장애인들에게는 한줄기의 빛과도 같은 기쁜 소식이었을 것입니다. 지금은 엘리베이터 버튼이나 수도꼭지 등에도 점자가 있는데, 이렇게 복잡한 세상에서 훈맹정음이 없었다면 그들이 얼마나 불편했을지 상상도 하기 어렵습니다.

"조선어 점자 교육을 허락해 주시오!"

한국어 점자가 생겼지만, 일제의 식민지인 조선에서 바로 사용할 수는 없었습니다. 하지만 송암은 행동하는 신앙인이었습니다. 선생은 단순한 외침에 그치지 않고, 직접 데라우치 총독에게 간절한 호소의 편지를 씁니다. 우리말과 우리글을 말살하고, 창씨개명까지 시도하는 일본인 총독에게 너무 무모한 도전이 아니었을까요?

"눈이 보이지 않으면 마음이 닫히고 세상도 닫히고 맙니다. 눈이 보이지 않는 이들을 구할 수 있는 길은 오직 글을 가르쳐 마음을 바르고 아름답게 가꾸는 길뿐입니다. 보지 못하는 조선의 아이들이 한글 점자인 훈맹정음을 배우고 익힐 수 있도록 부디 허락해 주시기 바랍니다."

그런데 뜻밖에도 선생의 편지에 감동한 총독은 조선어 점자 교육을 허락합니다. 진심은 통하기 마련인지, 아무리 일본인들이지만 측은지심이 있었던 모양입니다. 궁휼의 하나님이 도우신 놀라운 결과였습니다.

송암 선생은 아이들에게 점자를 가르치며 우리말의 소중함을 늘 깨우쳤습니다.

"나라를 빼앗겼어도 우리말을 간직한다면 감옥의 열쇠를 쥐고 있는 것이나 마찬가지란다."

그는 글과 함께 아이들의 마음을 보듬으며 생활 예절도 가르치는 등 항상 용기를 주었다고 합니다. 시각장애아들은 어둠의 시대에도 마음을 열고 손끝에 느껴지는 점자를 통해 세상을 알아갔습니다.

성경을 점자로 만들어 위로와 희망을

박두성 선생은 한글 점자의 연구와 완성에 만족하지 않고, 전국에 흩어진 시각장애인들에게 훈맹정음을 보급하기 위해 많은 애를 썼습니다. 그는 장애인들에게, 비록 눈이 안 보여도  자기 권리를 포기하지 말라고 가르쳤으며, 늘 밝고 명랑한 삶을 살라고 강조했습니다.

"눈이 어둡다고 마음까지 우울해서는 안 된다. 몸은 비록 부족해도 명랑한 마음을 가지기 위해서는 배워야 한다. 안 배우면 마음조차 암흑이 될 테니 배워야 하느니라."

게다가 송암은 시각장애인들의 일상을 위해 산수도 열심히 가르쳤는데, 그는 그들이 주판을 놓을 수 있어야 자기 주머니에 있는 것이라도 지킬 수 있다고 말했습니다.

하루는 박두성 선생에게 시각장애인 아이의 편지가 도착합니다. 날 때부터 앞을 보지 못한 자신을 부모님이 부끄러워하고 애물단지로 여긴다며, 죽고 싶다는 내용이었습니다. 이때 선생은 시각장애인들을 위로하고 진리 안에서 자유롭게 해줄 수 있는 성경이 필요하다는 생각을 했습니다. 그는 눈물로 기도하며 신약성경을 점자로 만들기 시작했고, 그 일은 무려 10년이나 걸려 완성되었습니다. 살아 있는 하나님의 말씀인 점자 성경은 많은 사람에게 복음과 희망의 메시지를 주었습니다.

"점자책은 쌓지 말고 꽂아 두어라"

박두성 선생이 많은 책자를 만들 수 있었던 데는 부인의 도움이 컸습니다. 인쇄 기계를 다루면서 글을 점자로 옮길 때 옆에서 늘 도왔던 부인이 있었습니다.

책을 점자로 옮기는 작업을 하고 있는 박두성 선생 부부

선생은 성경전서와 많은 문학작품과 유익한 책을 만들었는데, 시각장애인들과 함께 잡지를 만들어 정보를 공유하기도 했습니다. 은퇴 후에는 자기집 대청마루에 많은 점자책을 꽂아두고, 누구나 와서 읽을 수 있는 도서관처럼 제공했다고 합니다. 선생은 76세를 일기로 세상을 떠날 때도 "점자책은 쌓지 말고 꽂아 두어라."라고 말했

박두성 선생의 추모비에는
노산 이은상의 '시구'가 있다.

"점자판 구멍마다 피땀괴인 임의 정성.
어두운 가슴마다 광명을 던지셨소.
이 아침 천국에서도 같이 웃으시리라.
남의 불행 건지려고 자기 행복 버리신 임.
한숨을 돌이켜서 임마다 노랫소리.
그 공덕 잊으리까.
영원한 칭송 받으소서."

답니다. 책이 바닥에 겹쳐 있으면 가려진 책들을 읽기가 힘들기 때문에 늘 편하게 뽑아서 볼 수 있도록 배려한 것이었습니다.

하나님은 외모로 사람을 차별하지 않는 분입니다. 수가 적다고 해서 그들을 방치하는 것은 옳지 않습니다. 누구나 장애를 지니고 태어나거나 사고로 중도 장애인이 될 수 있기 때문입니다. 일찍이 송암 선생은 시각장애인 교육을 등한시하면 국민에게 두루 행복을 줄 수 없고, 문화의 창달에도 역행할 것이라면서 말했습니다.

"능한 목수는 아무리 굽은 나무라도 버리지 않는 법이다."

이런 정신으로 소외된 사람들에게 빛을 주었던 송암 박두성 선생의 일생은 귀하고 값진 것이었습니다. 이제 우리말의 유산인 점자와 박두성 선생의 귀한 삶이 잊히지 않도록 하는 것은 우리 기독인들의 몫이라 하겠습니다.

강화 기독교역사기념관

기독교 선교 초기, 믿음으로 이 땅을
지켜온 선조들의 신앙과 역사를 담은
기념관입니다. 이곳은 1993년에
강화기독교 선교 100주년 기념사업회를
조직해 역사 편찬 및 기념관을 세우기로
결의한 뒤 오랜 준비를 거쳐
2022년 3월에 완공했습니다.

강화 지역 기독교인들의 오랜 염원이었던 이 기념관은 초창기 선교사와 조상들의 믿음의
역사, 사랑의 수고, 예수 그리스도에 대한 소망과 인내를 담았다고 합니다.
지붕 없는 박물관으로 불리는 강화군은 복음의 이야기로 가득한 지역입니다.
근대에 병인양요, 신미양요, 그리고 강화도 조약 등 아픔의 역사를 지닌 강화도 사람들은
외국인들의 선교를 쉽게 허용하지 않았지만, 하나님의 은혜로 1893년에 성공회와 감리
교를 시작으로 선교의 관문을 활짝 열었습니다.
제1 상설전시관의 '빛이 비추는 땅' 테마는 기독교 초기의 강화도 선교 역사를 소개하고,
'어둠을 밝히는 등불들' 테마에서는 성재 이동휘(대한민국 임시정부 국무총리) 등 강화도 기독
교 인물들을 소개합니다. 제2 상설전시관의 '빛과 믿음을 잇는 오늘의 강화' 테마에서는
각양각색의 옛 성경과 함께 기독교 선교 유물과 자료들을 전시하고 있습니다.

교동 순례자의교회

네댓 명이 들어가 잠시 기도할 수 있는 미니 예배당인
순례자의교회는 제주에 두 곳이 있고, 이곳 강화군 교동도와
파주 임진각에 있습니다(문준경 편 참고).
이국적인 모습으로 사랑받는 강화도의 교동 순례자의교회는
세 번째로 생긴 것입니다. 여기서 가까운 곳에 레트로 감성을
살린 풍물시장인 대룡시장이 있어서 많은 관광객이
방문하고 있는데, 강화군 교동도를 여행한다면 박두성선생생가터와 함께
순례자의교회를 둘러보면 좋습니다. 현장에 목회자가 있다면 신앙 상담도 가능합니다.

인천 송암박두성기념관

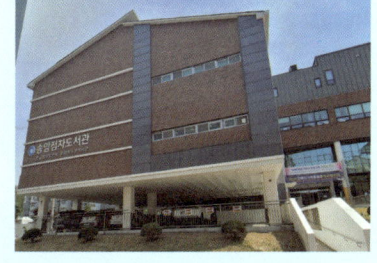

인천 미추홀구에 있는
인천광역시시각장애인복지관에 가면
한글 점자 창안자 박두성 선생의
기념관이 있습니다.
송암점자도서관과 함께 운영되는
이 시설의 한 층에는 점자 관련 역사를
알리는 다양한 게시물과 점자 인쇄용 기기들을 전시해 놓았습니다.
프랑스에서 시작한 점자가 우리말 점자가 되기까지의 역사와
송암 박두성 선생 관련 기록물과 사진 등이 있고,
점자를 인쇄하는 기계 등 관련한 실물 자료들도 볼 수 있습니다.
특히 송암이 남긴 감동적인 어록들은 그가 어떤 마음으로 이 일을 했는지 보여 줍니다.
오래전 아무도 돌아보지 않던 시각장애인 학생들을 향한 긍휼의 마음과
평생 변치 않았던 일편단심의 노력이 얼마나 선한 영향력으로 큰일을 이루었는지
알 수 있게 하는 공간입니다. 그래서 송암 선생 덕분에 글을 읽고 깨우친 분들에게는
'시각장애인들의 세종대왕'이라는 수식어가 조금도 아깝지 않은 사람이
바로 박두성 선생인 것입니다.

시각장애인용 자료를
찾아볼 수 있는
송암점자도서관의 열람실

전시관 내부

최용신기념관

: 경기도 안산시 상록구 샘골서길 64

지하철 4호선으로도 갈 수 있는 안산시 상록구의 최용신기념관은 상록수공원 안에 있는데, 최용신 선생이 섬기던 샘골교회와 붙어 있습니다. 자신이 헌신하며 기도했던 샘골학원과, 교회가 있는 동산의 한켠에는 최용신 선생과 (이루지 못한 사랑이지만) 10년 동안 약혼자였던 김학준 교수의 묘소도 자리하고 있습니다.

공원 언덕에서 입장하는 기념관의 1층 은 방문하는 학생들의 체험 공간으로 주로 활용하고 있고, 공원 뒤편에서 들어오는 입구가 전시관으로 꾸며진 곳입니다(오른쪽 사진).

공원에는 기념비와 동상 등이 함께 전시돼 있고, 기념관 안에는 최용신 선생이 남긴 글과 교재, 각종 사진, 영화 〈상록수〉의 필름과 포스터, 당시 샘골학원에서 수업 시작을 알릴 때 사용하던 종도 전시합니다. 공원은 야트막한 동산에 최용신과 제자의 조형물 등 다양한 볼거리로 구성돼 있습니다.

아낌없이 주고 간 최용신 선생의 가르침과 사랑을 잊지 못한 제자들은 후일에 거액을 모아 푸르고 아담한 상록수공원과 최용신기념관을 건립했고, 선생의 유언에 따라 그녀의 묘소도 이곳으로 옮겨졌습니다.

최용신기념관 웹페이지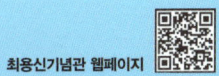

농촌계몽운동의 선구자
최용신 1909-1935

: 짧은 삶을 농촌에 바친
소설 『상록수』의 주인공

최용신 선생은 일제강점기에 기독
교 신앙으로 농촌에서 사람들을 일깨
우며 활동한 여성 운동가였습니다.
만 27세라는 너무나 짧은 시간을 살
다 갔고, 활동한 시간도 불과 3년 남짓이었지만, 농촌 계몽을 향한
그녀의 의지와 사람들을 향한 남다른 사랑은 소설과 영화로 여러 번
만들어질 만큼 특별하고 소중한 것이었습니다. 교과서에 수록되면
서, 내용은 몰라도 많은 사람이 제목은 알고 있는 소설인 『상록수』의
주인공 채영신이 바로 최용신 선생을 모델로 한 것입니다.

일제강점기에는 학교가 턱없이 부족했고, 조선 아이들을 위한 교
육시설은 더욱더 부족했는데, 당시 농촌 지역의 문맹률은 무려 90%
에 달했다고 합니다. 최용신 선생은 일찍이 대학교 때 농촌 문제의

현실에 눈을 뜬 이후로 지금의 경기도 안산인 수원 샘골 지역에 YWCA의 지원과 주민들의 기부금을 받아 학교를 만들고 아이들을 가르치기 시작했습니다. 그녀의 활동에 반신반의하던 지역 사람들도 최 선생의 물불 가리지 않는 헌신에 감복해 주변 지역에까지 소문이 났고, 많은 학생이 모여들었습니다.

최용신 선생

그러나 그녀의 꿈은 일제의 방해와 건강 문제로 너무 일찍 좌절되었습니다. 최용신 선생의 삶은 짧고 애달팠지만, 민족을 위한 그녀의 열정과 기도만큼은 영원히 남았습니다.

샘골에 등장한 핵인싸 선생님?

최용신 선생이 태어나던 때는 대한제국 말기, 일제에 국권이 침탈되던 때였습니다. 1910년에는 국호마저 빼앗겨 조선으로 불리게 되었습니다. 최용신은 함경남도 덕원에서 3남 2녀 중 차녀로 태어났습니다. 그 지역은 일찍부터 기독교가 전해져 교회와 근대 학교도 설립되었던 곳인데, 덕분에 최용신은 어릴 때부터 주일학교에 다니며 기독교 신앙을 갖게 되었고, 원산의 미국 남감리교에서 설립한 루씨여자보통학교와 루씨여자고등보통학교를 거쳐 19세인 1928년에 졸업했습니다.

최용신 선생은 이후 서울의 협성여자신학교에 진학했습니다. 이

학교의 교장이었던 채핀 부인은 학교에 농촌사업지도교육과를 개설하고, 미국 유학파인 황애덕에게 맡겼습니다. 이때 최용신 선생은 황애덕 교수의 가르침을 받으면서 농촌운동에 관심을 갖게 되었다고 합니다. 당시 농촌 실습을 여러 번 나가면서 식민 치하 농민들의 비참한 현실을 알게 되고, 결국은 문맹 퇴치와 교육, 위생문제 개선, 미신 타파

루씨여자고등보통학교 시절의 최용신(앞줄 오른쪽)

등의 운동이 시급하고 절실하다는 것을 깨닫게 됩니다.

당시 감리교신학대학과의 통합 과정에서 벌어진 학내 문제는 최용신 선생이 농촌계몽운동에 더 빨리 나서게 되는 계기가 되었습니다. 1931년 10월에 황애덕과 YWCA(여성기독청년회)로부터 수원 샘골(천곡)의 샘골학원(천곡학원) 교사로 파송된 최용신은 정착 후 마을 사람들의 신임을 얻었고, 그 지역에서는 요즘 말로 핵인싸(?) 같은 존재가 되었다고 합니다.

처음에는 반발도 심해서, 위생생활 개선 등에 대해서는 "제기랄! 파리 안 잡아도 파리에게 물려 죽은 놈은 하나도 없었다네. 앉아서 공부만 하던 처녀가 뭘 안다고…." 하면서 투덜대기가 일쑤였다고 합니다. 그러나 모두에게 감동을 준 최 선생의 헌신 덕분에, 학원을

열자마자 60여 명의 학생이 찾아왔고 1933년 1월에 1,300여 평 부지에 새 강습소를 지었을 때는 120명을 넘어섰습니다.

지병으로 좌절된 일본 유학

처음에 사람들은 "자녀들을 가르치십시오. 가르쳐야 합니다." 하는 최 선생의 권유에, "돈이 있어야지요. 월사금 낼 돈이 없어서 못 가르칩니다."라고 했습니다. "돈 안 받으니 자녀들을 보내기만 하세요."라고 하면 그 말을 믿지 않는 사람도 있었습니다. 그렇게 시작한 학교의 주요 교과목은 한글, 역사, 산수, 재봉, 수예, 창가(노래), 그리고 성경이었습니다.

그러나 날로 열기를 더해가는 꼴을 못마땅하게 여긴 일본 경찰의 간섭에, 은근한 압력을 받은 것으로 추측되는 YWCA의 지원 축소로 최 선생은 큰 어려움을 겪게 됩니다. 백방으로 지원금을 모금하러 다니다가 건강을 잃은 선생은 오래전부터 정혼한 약혼자와의 긴 이별에서 오는 정신적인 불안 등으로 번민하다가 1934년 3월에 학교 일을 친구에게 맡겼습니다. 그리고 일본 고베여자신학교 사회사업학과로 유학을 떠납니다.

하지만 최 선생은 불과 3개월 만에 각기병에 걸려 7개월 만에 귀국했고, 병든 몸을 이끌고 학교와 농촌을 살리기 위해 백방으로 노력했습니다. 아이들을 향한 그녀의 사랑이 얼마나 컸는지, 일본 유학을 포기하고 돌아올 때, 한 제자는 5리 길을 마다하지 않고 마중을 나가 선생의 품에 안기기도 했다고 합니다.

어려서 마마(천연두)를 앓은 탓에 선생의 얼굴에는 곰보 자국이 꽤 있었다고 하는데, 어떤 이들은 아마도 그것이 농촌운동의 계기가 되었을 것이라고도 합니다. 그러나 최용신 선생에게는 사랑하는 약혼자도 있었고, 그가 일본에서의 삶을 권유하기도 했기에 얼마든지 다른 삶을 살 수도 있었을 것으로 보입니다.

이루지 못한 채영신의 사랑과 최용신의 꿈

심훈의 소설, 『상록수』는 일본 유학 중인 약혼자가 있는 채영신이 농촌계몽운동의 동지로 만난 박동혁과 사랑에 빠지는 이야기입니다. 둘은 각자의 지역에서 좀 더 성과를 낸 뒤에 결혼하기로 했지만, 사정이 여의치 않아 자꾸 엇갈리게 되지요. 그러면서 일본의 약혼자와는

점점 멀어져 이별하게 되고, 영신은 유학 중 얻은 병으로 고군분투하다가 쓰러지는데, 뒤늦게 연락을 받은 동혁이 달려와 열심히 간호했지만, 결국 세상을 떠납니다. 현실의 최용신 선생도 1935년 1월 23일, 사랑하는 아이들과 지역 농민들의 흐느낌 속에 세상을 떠납니다.

최용신 선생의 실제 약
혼자 김학준은 소설과 달
리 그녀와 사랑하는 사이
였고, 시기의 차이만 있
었을 뿐 함께 농촌을 일
으키는 운동을 하고자 했
던 사람이었습니다.

앞쪽의 최용신과 샘골학원 아이들

소설 속 박동혁은 누가
모델이라는 설만 있지 뚜렷한 대상 인물은 없는 상태인데, 아마도 최
용신이 김학준에게 바랐던 모습이 투영된 것이 아닐까 싶습니다. 끝
내 포기한 약혼자와 새로운 듬직한 일꾼 박동혁이 모두 김학준의 모
습일 수 있다는 것입니다.

일본에 있던 김학준은 최용신 선생이 죽은 뒤 급히 전보를 받고 뒤
늦게 도착했는데, 사람들은 그가 조금 열어두었던 관에 누운 그녀를
안고 오열했고, 영혼결혼식이라도 하겠다며 자신의 코트를 덮어주
고, 손에 끼었던 반지까지 빼서 고이 보내주었다고 증언했습니다. 나
중에 최 선생의 묘를 이장할 때, 그것들이 다 그대로 나왔다고 합니
다. 김학준은 몇 년 뒤에 결혼해 자녀들을 두었지만, 1975년에 그가
사망한 뒤 부인과 가족들은 평소 김학준의 뜻에 따라 최용신의 묘와
나란히 합장해 주었습니다.

김학준은 최용신 사망 후 농민 야학을 열었고, 교사가 되어 한국어

를 가르치다가 투옥되는 등 일제에 고초를 당하기도 했는데, 1960년 대에는 샘골고등농민학교 재단을 설립했습니다. 1951년에 성균관대 교수로 재직하기도 했던 그는 1961년에 영화 〈상록수〉 개봉 때까지 비밀을 간직했다가 자신이 그 주인공이라고 밝히기도 했습니다.

짧고도 강렬했던 삶과 신앙

최용신 선생은 불과 25년 6개월의 짧은 삶을 마치면서도 "내가 간 뒤에도 천곡학원을 영원히 운영해 주시오. 샘골의 여러 형제를 두고 가서 어쩌나, 애처로운 우리 아이들의 앞길을 어쩌나, 내 위독함을 각처에 전하지 마시오. 내 유골은 샘골학원 부근에 묻어 주시오."라 고 유언했습니다.

1961년 신상옥 감독의 영화 〈상록수〉의 한 장면. 최용신 역에 최은희, 박동혁 역에 신영균이 열연했다. 이 작품은 대종상, 아시아영화제 등에서 수상했고, 제56회 칸 영화제 회고전 부문 초청작으로 선정되기도 했다.

하나님이 왜 그토록 그녀를 빨리 데 려가셨는지 알 수 없지만, 짧은 기간 의 활동에 저서나 대단한 사상을 남긴 것이 아닌데도 긴 세월 독보적인 농촌 계몽운동의 아이콘이 되어 많은 사람 에게 기억되었고, 훗날 새마을운동에 도 영감을 주었습니다. 그 이유는 아 마도 농촌과 아이들을 향한 그녀의 진 심과 순수한 열정 때문일 것입니다.

무엇보다 최용신 선생은 날마다 주

님 앞에 나아가 기도하던 신실한 크리스천이었습니다.

"아버지 하나님, 이 고요하고 맑은 새벽같이 이 마음도 맑고 고요
하게 하여 주소서. … 이 입으로 나오는 말이 모든 듣는 자의 정신을
깨우게 하여 주소서. … 오! 주여 … 저 종소리를 들음 같이 이 죄인
의 기도소리를 들어주소서. … 이 몸은 남을 위해, 형제를 위해 일하
겠나이다. 살아도 주를 위하여 살고, 일하여도 의를 위해 일하고, 죽
어도 다른 사람을 위해 죽게 하소서."

최용신 선생의 기도 중 한 대목입니다. 그녀의 묘소가 있는 안산
상록수공원에서는 선생의 많은 흔적을 느낄 수 있습니다. 마치 푸른
숲과 햇살 사이에서 사랑하는 선생님을 따르며 뛰놀던 아이들의 웃
음소리가 들리는 듯합니다. 또 어려움 속에서도 희망을 품었던 샘골
사람들의 모습도 눈에 선합니다. 그리고 그들을 흐뭇한 미소로 바라
보는 아직 앳된 선생의 모습과, 그녀의 못다 이룬 꿈과 사랑도 손에
잡힐 듯합니다.

1933년 1월. 샘골 천곡학원 낙성식(준공식) 모습.
최용신 선생(앞줄 오른쪽 다섯 번째)

근처의 기독교 유적지

용인 한국기독교순교자기념관

이곳은 한국 개신교 초교파 순교자
기념관으로 '배움과 만남,
그리고 성찰'이라는 주제 아래
설립되었습니다.
순교의 의미와 역사를 배우는
순교역사전시실, 한국 교회를 위해
몸 바친 순교자들을 가상으로 만나는 디지털 전시실,
그리고 관람객 각자의 믿음을 성찰하는 침묵과 사색의 공간인 채플로 구성돼 있습니다.
한국기독교100주년기념재단이 1981년에 문을 연 이곳은 건물 노후와 내부 습기 문제로
2019년부터 휴관하고 리모델링을 시작해 2022년 6월에 재개관했습니다.
최용신기념관에서는 자동차로 1시간 이내의 거리입니다.

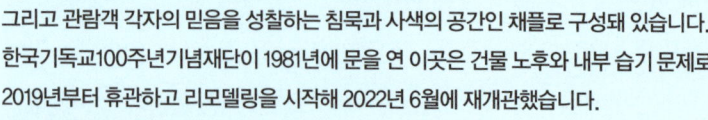

최용신 관련 유적지

당진 심훈기념관과 필경사

최용신을 모델로 한 소설인 『상록수』
의 작가 심훈(1901~1936)은 영화 제작
자, 감독이면서 배우였습니다. 최용
신의 죽음은 온 나라의 관심을 모았
는데, 심훈은 그녀의 일대기를 모티
프로 한 이 소설로 동아일보 창간 15주년 기념 소설 공모전에 당선했고
(1935), 작품은 인기리에 신문에 연재되었습니다. 심훈은 이 작품을 영
화로 만들고자 했지만, 일제의 방해로 무산됐는데, 그 역시 최용신 사망
후 1년 반 뒤인 1936년 9월에 장티푸스로 사망하고 말았습니다.
심훈 선생은 1901년에 경기도 시흥군 흑석리(지금의 동작구 흑석동)에서
태어났습니다(본명 심대섭). 3남 1녀 중 막내였고, 작은형은 감리교 목사였습니다.
본인도 기독교인이었고, 많은 신앙의 족적이 남아 있지 않지만

그의 시와 소설에는 기독교적 주제가 간간이 등장합니다.

심훈은 1932년쯤 경성에서의 어려움 때문에 부모님이 낙향해 있던 당진 부곡리로 내려가 그의 소설인 『직녀성』의 신문 연재 비용 500원을 모두 들여 집을 한 채 짓습니다. '필경사'라는 이름이 붙은 이 저택은 『상록수』를 집필한 공간이기도 합니다. 필경(筆耕)이란 붓(펜)으로 밭을 간다는 의미입니다. 당시로서는 현대식 주택 구조를 도입한 초가집인데, 심훈 선생이 직접 고안한, 건축학적 의미도 깊은 공간입니다.

심훈은 3·1 운동에 가담했다가 옥살이를 한 뒤 중국에서 연극·영화를 공부하고 돌아와 영화 〈먼동이 틀 때〉를 쓰고 연출했는데, 식민지 조선의 현실을 다뤘다는 이유로 일제에 의해 막을 내리게 됐습니다. 다시 시와 소설로 눈을 돌렸지만, 그 역시 많은 제재를 받았습니다. 그의 작품 중 〈그날이 오면〉은 많은 사람의 독립 정신을 일깨운 시였습니다. 또한 〈통곡 속에서〉는 1926년 6·10 만세운동의 기폭제가 되었는데, 이런 시들은 오늘날 각종 독립기념 행사에서도 종종 낭독됩니다.

필경사 옆에는 멋진 상록수와 사철나무가 있고, 넓은 마당에는 채영신과 박동혁의 조형물이 심훈 선생의 묘소와 함께 있습니다. 이곳에 같이 있는 심훈 기념관에서는 오래된 자료와 심훈의 작품세계를 엿볼 수 있습니다. 멀티미디어와 함께 제작된 전시물들도 체험해 볼 수 있습니다.

심훈은 『상록수』로 받은 상금을 기부해 부곡리에 상록학원을 건립했는데, 오늘날의 상록초등학교입니다.

또한 그가 다닌 부곡교회가 가까운 곳에 있는데, 2007년에 '상록수교회'로 이름을 변경해 『상록수』 속 농촌운동의 의미를 담고 있습니다.

『상록수』의 주인공 동혁과 영신의
조형물 뒤에 보이는 초가집, 필경사

강원

성도들의 인내가 여기 있나니 그들은 하나님의 계명과
예수에 대한 믿음을 지키는 자니라 (계 14:12)

홍천군 한서남궁억기념관
양구군 박수근미술관

강원 볼거리
비발디파크 / 알파카월드 / 홍천강 / 용소계곡 / 오대산 / 양구수목원
양구백자박물관 / 속초해수욕장 / 안목해변 커피거리 등

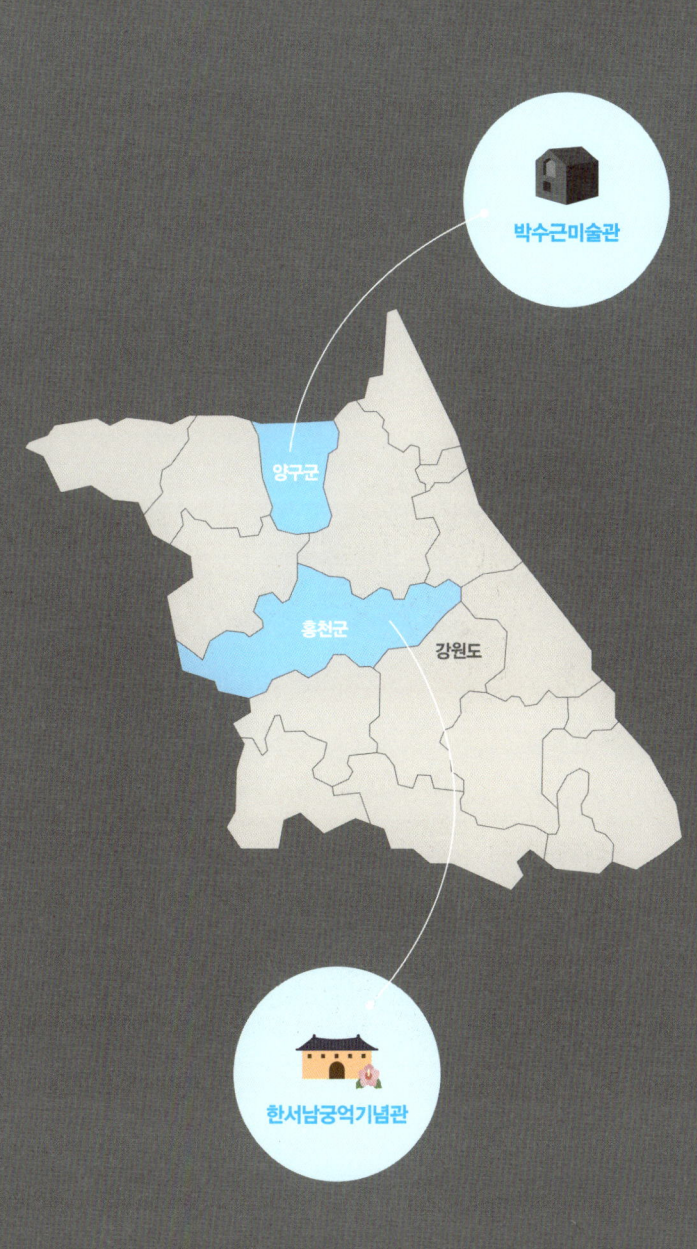

박수근미술관

양구군

홍천군

강원도

한서남궁억기념관

한서남궁억기념관

: 강원도 홍천군 서면 한서로 667

보리울로 불렸던 강원도 홍천에는 남궁억 선생의 발자취를 담은 한서남궁억기념관이 있습니다. 이곳은 남궁억 선생이 세운 모곡학교와 모곡예배당의 터입니다. 기념관 앞에는 무궁화 동산도 조성돼 있는데, 한창 꽃이 필 때 방문하면 기념관뿐 아니라 인근에서도 무궁화가 조성된 곳을 만날 수 있습니다.

1919년에 남궁억 선생이 자기 재산을 털어 기와로 지은 모곡예배당은 일제에 의해 폐쇄되었는데, 기념관 옆에 한옥으로 복원되어 당시 풍경을 엿볼 수 있게 했습니다. 광복 이후 1954년에 모곡학교는 현재의 한서초등학교와 한서중학교로 다시 명맥을 잇게 되었습니다.

남녀 칸막이가 있는 모곡예배당을 재현한 조형물

기념관에는 남궁억의 친필 붓글씨와 저서, 〈황성신문〉과 〈독립신문〉의 영인본, 그리고 무궁화 자수 지도 등 다양한 선생의 유품과 흔적이 전시되어 있습니다. 일본 경찰의 취조를 받으면서도 한 치의 흔들림이 없었던 선생의 모습도 조형물로 재현돼 있습니다. 또한 기념관 옆에는 한서감리교회가 있는데, 현재 담임 목회자가 기념관을 함께 관리하고 있습니다.

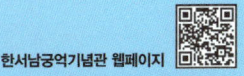

한서남궁억기념관 웹페이지

민족의 큰 지도자
남궁억 1863~1939

: 무궁화 삼천리 반도 강산을 사랑한 선각자

'남궁억'이라는 이름을 들어 보셨나요? 그 이름은 몰라도 아마 이 찬송가는 모든 기독교인이 알 것입니다.

삼천리 반도 금수강산 하나님 주신 동산.
이 동산에 할 일 많아 사방에 일꾼을 부르네.
곧 이 날에 일 가려고 누구가 대답을 할까.
일하러 가세, 일하러 가. 삼천리강산 위해.
하나님 명령 받았으니 반도 강산에 일하러 가세.

바로 이 580장 찬송가의 노랫말을 지은이가 한서 남궁억 선생입니다. 그런데 그 이상의 사실들은 많이 알려져 있지 않았습니다. 남궁억은 대한민국과 한국 교계가 모두 알아야 할 이름으로 민족의 큰 지도자 중 한 사람이자 뛰어난 지식인이었습니다. 그는 대표적 독립운동 단체인 독립협회와 대한협회의 정신적 지주이자 애국의 실천가였으며, 고종의 통역사와 성주 목사, 양양 군수 등 관직을 맡기도 했습니다.

한서 남궁억

남궁억은 평생 부강한 민족을 위해 고심했고, 억압에 굴복하지 않으면서 하나님 앞에 기도로 나아갔던 인물입니다. 봄마다 전국이 벚꽃으로 뒤덮이고 있지만, 그는 우리나라 꽃인 무궁화의 강인한 생명력을 모두에게 심어주길 원했고, 일제의 반대에도 무궁화 동산을 만드는 등 민족의식을 각인시키는 일에 힘썼습니다.

남궁억 선생은 강원도 홍천, 보리울이라고 불리던 마을에서 활동하며 작은 동산에 올라가 나라와 민족을 위해 늘 기도했습니다. 안타깝게도 선생은 조국의 광복을 보지 못한 채 1939년에 하나님 품에 안겼지만, 그가 심은 올곧은 정신은 민족의 광복에 중요한 밑거름이 되었습니다.

종로 탑골공원을 만든 공무원 출신

서울 종로에 가면 탑골공원이 유명합니다. 과거에는 파고다공원으로 불리던 곳인데 이곳을 기획한 이가 남궁억입니다. 그는 일찍이 19세기에 유럽을 순방한 뒤 도시 토목국장을 맡아 일했습니다. 그때까지만 해도 시민을 위한 공원이라든지, 광장을 조성하는 개념이 없었습니다. 남궁억 선생에게는 먼 미래를 내다보는 선각자적 기질이 있었습니다. 바로 이 탑골공원을 만들면서 최초로 광장과 공원의 개념을 만들었습니다.

그는 또한 을사늑약을 개탄한 장지연의 사설 '시일야방성대곡'이 실렸던 〈황성신문〉을 만들어 우리 민족을 일깨우고, 서재필 박사와 함께 〈독립신문〉의 영문판을 만들기도 했던 언론인이자 교육자였으며 탁월한 학자였습니다. 그러면서도 많은 노랫말을 지은 감성적 사상가로 다방면에서 뛰어난 인물이었습니다.

무엇보다 그는 독실한 그리스도인이었으며 성경을 통해 하나님을 알리고, 기독교 정신으로 학생들을 가르친 열정적인 신앙인이었습니다. 그는 1906년에 사립 현산학교(현 양양초등학교)를 설립했고, 배화학당에서 교사로도 가르쳤으며, 1919년에는 모곡학교를 설립했습니다.

또한 〈교육월보〉, 〈가정교육〉, 〈동사략〉, 〈조선이야기〉 등을 집필하며 다방면에서 사람들을 일깨우며 왕성한 활동을 했습니다. 철학자이자 명필이기도 했던 남궁억 선생의 저서 중 한글 교육을 위한 책인 『신편언문체법』이 있는데, 신약성경 복음서의 내용을 교본으로 만든 것입니다.

한글 교육을 위한 책, 『신편언문체법』

민족혼이 담긴 나라 꽃, 무궁화

남궁억 선생은 우리나라의 꽃인 무궁화를 전파하기 위해 평생 노력했습니다. 무궁화는 일제가 거짓으로 괴소문을 퍼뜨리면서 씨를 말리려고 했던 꽃입니다. 오래 쳐다보면 눈에 핏발이 서서 시력을 잃는다든지, 진딧물이 많고, 만지면 부스럼이 생긴다든지 등 잘못된 정보를 퍼뜨려 사람들이 무궁화를 싫어하게 만들었습니다. 그래서 지금도 전국에서 무궁화를 보기는 쉽지 않습니다.

일제가 선전한 것과 달리 무궁화는 어린잎을 먹을 수 있을 정도로 인체에 무해한 식물입니다. 또한 벌레가 없는 꽃은 있을 수 없으며, 오히려 일본의 대표적인 꽃인 벚꽃과 국화에 진딧물이 훨씬 많습니다. 벚꽃은

• 강한 생명력을 지닌 무궁화

때를 놓치면 볼 수 없고, 대부분의 꽃도 '화무십일홍'(열흘 붉은 꽃은 없다)이라는 말처럼 한철 피었다 지고 마는 데 비해 무궁화는 대개 7월부터 10월까지 날마다 꽃을 피워내 한 그루의 나무에서 2천여 개의 꽃송이를 피우기도 합니다. 이런 꽃은 거의 무궁화밖에 없습니다.

무궁화(無窮花)라는 이름은 말 그대로 '피고 또 피어 영원히 지지 않는 꽃' 또는 '영원무궁토록 빛나 겨레의 환한 등불이 될 꽃'이라는 의미를 담고 있습니다. 일제는 이런 뜻을 감추기 위해 '무궁화' 대신 '근화'(槿花)라고 불렀는데요. 같은 꽃을 가리키지만, 무궁하다는 의미를

감춘 것입니다.

무궁화는 5천 년 역사 속에 수많은 외세의 침략과 시련의 역경을 이긴 우리 겨레의 자긍심이자 자부심의 상징이기도 합니다. 수메르 지역이 원산지인 무궁화는 목근(木槿)이라는 한자음이 변한 순우리말로 국제 학명은 히비스커스(Hibiscus), 영어로는 샤론의 장미(Rose of Sharon)입니다. 바로 아가서 2장 1절에 나오는 예수님을 예표하는 이름이 연상되기도 합니다.

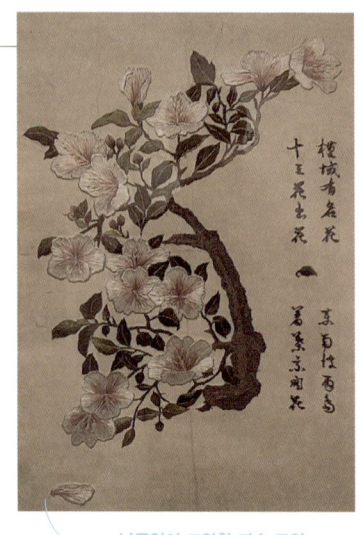

남궁억이 고안한 자수 도안.
우리나라 13개 도를
무궁화로 표현한 작품

시대를 앞서간 사고방식

남궁억은 강원도의 관동학교에서 학생들을 가르칠 때, 바늘을 꺼내 보이며 이렇게 말했다고 합니다.

"이 바늘은 비록 작은 물건이지만 귀 부분도 있고 뾰족한 끝부분도 있지요. 허나 이 끝부분을 없애도 쓸모가 없고, 귀 부분을 없애도 쓸모가 없지 않습니까? 하물며 거대한 사회를 어찌 한 사람의 지혜로 다스릴 수 있겠습니까? 세상을 위해 일시적 편안함이나 헛된 것을 찾지 말고, 각각 제 직분을 다하며 자기 일에 힘써야 다양한 생각들 속에서도 바른 길을 낼 수 있습니다. 우리의 몸에서도 눈과 귀가 하는 역할이 다르나 둘 다 귀중하고, 손을 귀히 여기면서 발을 천하게 여길 수 없으니, 모두가 조화를 이룰 때 부족함을 이기고 완전함으로 나아가는 것입니다. 이 나라를 위해 우리가 이런 마음을 품어야 합니다."

선생의 귀천을 따지지 않는 평등사상과 그리스도인의 지체를 설명한 성경적 생각을 읽을 수 있는 대목입니다.

남궁억 선생에게는 '거인'이라는 말이 어울립니다. 무궁화가 잊히듯이 역사에 묻히고 또 저평가된 그였지만, 가장 중요한 독립운동 단체와 언론을 이끌며 구심점이 되었던 선생은 그대로 잊히기에는 아까운 어른입니다.

남궁억 선생은 1931년에 연희전문학교 졸업식에 초대되어 축사를 할 때 이렇게 말했습니다.

"내가 여러분을 만나려고 눈 덮인 놀미재 고개를 넘을 때, 무릎까지 오는 눈길 위에 앞서 걸어간 사람의 발자국만 따라 가다가 개울 길로 들어섰습니다. 그런데 아무리 봐도 길이 아닌 곳으로 발자국이 나 있기에 그걸 따라가지 않고, 그 대신 내가 잘 아는 산길이니 제대로 된 길을 찾아 없는 발자국을 일부러 만들면서 내 뒤에 오는 사람은 내 발자국을 보고 길을 찾을

수 있게 했습니다. 우리는 민족을 위한 선각자가 되어야 합니다. 서구 열강들의 역사를 보고 배워서 백성들의 눈과 머리가 되어야 합니다. 발이 시리고 얼어도 아무도 가지 않은 눈밭을 먼저 걸읍시다."

"주인도 노비도 없는 세상이 올 것이다"

남궁억 선생은 수십만 주의 무궁화를 전국에 보급하며 무궁화 동산까지 만들고 노래를 지어 보급했는데, 일제는 그의 사상과 신앙을 뿌리 뽑기 위해 어린 학생들까지 강제 동원해 무궁화 묘목 7만 주를 뽑아 불태우고 선생을 체포하기까지 했습니다. 일본 경찰은 그가 '무궁화 동산'이라는 노래를 가르쳤다는 이유로 재판에 넘겼습니다. 이 일로 70세의 남궁억은 1년 3개월의 옥고를 치러야 했습니다. 이후 감옥 생활의 후유증으로 고생하던 그는 1939년 4월에 결국 숨을 거두었습니다.

양반에 고위직 관리였으면서도, 더 이상 빈부귀천도 주인도 노비도 따로 없는 새로운 세상이 올 것을 미리 알고 민족의 앞길을 설계한 남궁억 선생은 이런 말을 남겼습니다.

"독립은 반드시 온다. 나는 못 보아도 그대들은 독립을 볼 것이니 독립 이후의 일을 준비하시오."

그와 같은 선조들이 눈물로 뿌린 씨앗의 열

1934년 1월,
서대문형무소에 갇힌
남궁억 선생

112

매를 지금 모두가 맛보고 있다는 사실을 우리는 잊지 말아야 할 것입니다. 우리 민족이 강대국들과 외세의 간섭을 받지 않고, 분단되지 않으며, 모두가 예수님의 사랑과 복음이 충만한 평화로운 나라가 되는 것, 그것이 바로 한서 남궁억 선생이 꿈에도 그리던 자

유 대한민국이었을 것입니다. 그런 나라를 위해 우리가 모두 삼천리 반도 곳곳에서 하나님 명령을 따라 열심히 일하고 배우며 기도해야 겠습니다.

이제 이 시대를 살아가는 우리는 더 먼 미래를 설계해야 합니다. 세계 최저 수준의 출생률 등 K 문화로 주목받고 있는 우리나라도 머지않아 크게 무너지고 존재마저 사라질 것을 전망하는 세계의 시선이 많습니다. 우리는 이런 난관 앞에서 앞을 내다보는 남궁억의 정신이 더욱 필요합니다. 우리나라가 앞으로도 지금까지처럼 모든 어려움을 극복하며 누구도 흔들 수 없는 강한 민족이 되기를, 세상의 소금과 빛이 되기를 바랍니다. 그것이 남궁억 선생이 기도하던 우리 민족의 참된 모습일 것입니다.

홍천 남궁억 묘역과 무궁화수목원

남궁억 선생은 살아서
"내가 죽거든 무덤을 만들지 말고
과일나무 밑에 묻어 거름이나 되게 하
라."는 말을 남겼습니다. 천국의 소망으
로 이 땅에 모든 것을 주고 떠나려 했던
마음을 읽을 수 있습니다.
그러나 후대 사람들은 그가 무료로
학생들을 가르쳤던 홍천 모곡학교(보리울
학교)의 후신인 한서초등학교와 한서중학교 뒷산에 선생의 묘역을 조성했습니다.
또한 강원도 홍천군에 가면 북방면 영서로에 홍천무궁화수목원, 북방면 하화계리에
무궁화 테마파크, 홍천읍 연봉리에 무궁화공원도 있어서 남궁억의 뜻을 이어가고

있습니다. 한편, 무궁화는 전국에 크고 작은
테마공원이 있는데, 목천 독립기념관에도
조성돼 있고, 서울의 청와대 옆에도
무궁화를 위한 공간이 있습니다.
서울의 백범 김구기념관이 있는 효창공원
연못 근처에도 안중근 의사가 다니던

명동성당에서 가져온 무궁화, 이봉창 의사의 모교 부지인 숙명여대에서 옮겨 온
무궁화, 윤봉길 의사의 자택에서 가져 온 무궁화 등이 심겨 있습니다.

서울 종로구 종교교회

광화문 세종문화회관 뒤편에는 종교감리교회가 있습니다.
이곳은 1900년 부활절에 캠벨 선교사에 의해 설립되었습니다. 종교(鐘橋)는 '종다리'라는
뜻으로 종침교라고도 합니다. 이곳은 백운동천과 사직동천이 합쳐지는 곳이었는데,
물길을 건너는 다리가 지금은 사라진 종침교로 이 교회의 이름이 된 것입니다.

남궁억 선생은 이 교회에 출석하던 1910년에
세례를 받았습니다. 5년 뒤에는 오늘날의 장로에
해당하는 본처전도사에 임명되기도 했습니다.
한편, 종교교회는 매년 4월 첫째 주는 남궁억 선생을
기리는 '무궁화주일'로 지키고 있습니다.

현재 종교교회의 모습

1910년에 지어진
종교교회의 모습

여긴 어때요?

서울 종로2가 탑골공원

종로구 인사동과 종로3가 사이에
있는 탑골공원은 앞서 소개한
것처럼 우리나라 최초로 조성된
광장 개념의 공원입니다.
이곳이 바로 남궁억 선생이
도시 토목국장으로 근무하면서

해외 시찰을 통해 만든 공간입니다. 뼈 모양의 원각사지십층석탑이 있다고 해서
'탑골공원'이라고 불렀는데, 이 탑은 현재 안쪽에 유리 시설 안에 있습니다.
지금은 어르신들의 휴식처로 유명하지만, 최근에는 주변으로 인사동과
종로 3가 뒤편의 핫플레이스들이 늘어나면서 많은 사람이 찾고 있는데,
〈오징어게임〉 시즌2에서 딱지맨이 나오는 장면을 촬영한 곳이기도 합니다.
탑골공원은 역사적으로 귀중한 장소입니다.
1919년 3월 1일, 처음 기미독립선언문을 낭독하고 민족대표 33인이
만세운동을 시작한 곳이기 때문입니다.

대한독립 만세!!

박수근미술관

: 강원도 양구군 양구읍 박수근로 265-15

화가 박수근의 고향인 양구의
박수근미술관은 넓은 숲에 기념
관과 행사장, 전시장, 어린이미술
관, 미디어전시관, 자작나무 숲
등 다양한 자연 친화적 시설과 작품이 어우러져 있는 공간입니다. 두
개의 기념관에는 박수근의 일생과 작품, 판화, 사진, 드로잉, 신문기
사 등과 함께 오래전부터 그의 재능을 알아본 마가렛 밀러 여사의 편
지 등이 전시돼 있습니다.

화강암의 질감을 연상시키는 그의 작품들은 평면적이면서 그 형태
가 매우 단순화되어 있는데, 그 간결함에 담긴 아이 업은 여인, 노인
들, 헐벗은 나무, 빨래터, 시장, 아이들, 골목길 등 모두 친숙한 우리
민족의 속살과도 같은 모습들입니다.

미디어 전시관에는 두 개의 공간에 박수근의 작품을 시각화해 그림
이 움직이는 환상적인 장면을 연출합니다. 발로 그림을 디디는 곳에
꽃이 피어나고, 물고기도 반응하는 등 어린 학생들도 화가의 그림과
친숙해질 수 있도록 만든 공간입니다. 미술관 뒷동산에는 박수근 화
백과 김복순 여사 부부의 묘소도 있고 어린이미술관도 있습니다.

강원도 양구에 가면 박수근광장이 조성되어 있어서 그의 그림을 주
제로 한 조형물 등을 볼 수도 있습니다.

박수근미술관 웹페이지

따스한 시선의 국민 화가
박수근 1914-1965

: 그리스도인의 눈으로
낮은 곳을 향한 캔버스

박수근 화백은 화감암 같은 질감에
한국의 토속적인 풍경을 절제된 선과
질감으로 표현한 그림들로 사람들의 마음에 강렬하게 남아 있는 국
민 화가입니다. 젊은 세대는 이 화가에 대해 잘 모를 수도 있지만, 그
의 그림은 미술 교과서에도 꼭 등장하기 때문에 누구나 한 번쯤 보았
을 것입니다.

박 화백은 이 책에 등장하는 위인들에 비하면 기독교 신앙을 위해
엄청난 일을 하거나, 선교에 일생을 바치거나 순교한 사람도 아닙니
다. 그러나 그는 늘 낮은 마음으로 이웃들의 모습을 그리면서 하나
님을 섬기며 살았고, 그리스도인으로서 어려움 중에도 역경을 딛고
평생을 검소하게 살았습니다. 또한 그의 아내 김복순은 교회와 이웃
을 헌신적으로 돌보며 남편을 도왔던 사람이었기에 그녀도 본받을

점이 많습니다.

역사의 격동기를 거치지 않는 한 우리의 삶은 의외로 잔잔합니다. 그리스도인으로서 대단한 공을 세우거나 엄청난 활약을 할 기회도 없으려니와 그런 삶만이 귀중한 것도 아닙니다. 하나님은 업적보다 태도에 관심이 있으시며, 우리가 무엇을 하는지가 아닌 어떻게 사는지를 보시기 때문입니다.

• 박수근 화백

밀레의 그림에 반한 소년

박수근 화백은 1914년, 강원도 양구에서 태어났습니다. 부유한 집안이었지만, 일제의 식민지 개발 정책에 뛰어들었던 아버지의 광산 사업이 기울면서, 좋은 시절은 기억에 거의 없을 정도로 그는 힘든 성장기를 보냈습니다. 1921년, 양구의 공립보통학교에 입학한 뒤로는 그림에 재능을 나타냈고, 다른 과목들은 중간이나 그 이하였으나 미술과목만은 유일하게 최상위 점수를 받았습니다. 박수근이 그렸다 하면 교실 뒤에 붙을 정도였다고 합니다. 일본인 교장은 그의 재능을 알아보고 늘 칭찬과 격려를 했고, 가정방문을 해서 그림 도구를 선물하기도 할 정도였습니다.

1926년, 열세 살의 박수근은 프랑스 화가 밀레의 작품인 〈만종〉을 보고 크게 감동했습니다.

"하나님, 저는 이다음에 커서 밀레처럼 훌륭한 화가가 되게 해주세요."

가난한 집 아이였지만 그림에 꿈을 품은 박수근은 진학을 포기하고 화가의 길로 접어들었습니다. 그는 처음 했던 기도를 계

첫 미전 입선작 '봄이 오다'(1932)

속하며 틈틈이 그림 그리는 일을 게을리하지 않았습니다. 그러다가 1932년에 조선미술전람회에 〈봄이 오다〉라는 작품을 출품하는데, 놀랍게도 서양화부에서 입선을 하게 됩니다. 276점의 입선작 중 조선 사람의 것은 97점뿐이었으니 놀라운 결과였습니다.

그러나 이후로는 대회에서 입선을 하기가 어려웠고, 4년 뒤부터 〈일하는 여인〉, 〈봄〉, 〈여일〉 등으로 여러 번 입선을 했으나 대단한 성과는 없었습니다. 나중에 출세해서 미술전람회의 심사위원을 맡은 그는 예술적 재능보다는 다른 기준들과 친소관계에 의한 야합 등이 심사 과정에 많다는 것을 알게 되면서 미술계에 염증을 느끼게 되었다고 합니다.

윗집 복순이와 아랫집 수근이

박수근 화백의 어머니가 돌아가신 후 아버지는 재혼했고, (지금은 북

한 땅인) 강원도 철원군 금성면의 아버지 댁에 다니러 왔을 때 그는 평생의 반려자인 김복순을 만나게 됩니다. 장난기가 많았던 열일곱의 복순이가 아버지의 첩인 작은어머니를 놀라게 하고 도망가며 장난치던 모습을 아랫집 담 너머에 살던 수근이 지켜보고 있었던 것입니다. 아마도 첫눈에 반한 것 같습니다. 26세였던 박수근은 청혼의 편지를 보내 복순에게 구애했습니다. 그는 훤칠한 키에 서글서글한 인상이라 복순도 호감을 느꼈습니다.

박수근은 온 가족이 크리스천이었던 터라 모태신앙이었지만, 김복순은 혼자만 신앙을 지닌 상태였는데, 아버지가 여러 기생과 첩을 거느리고, 평소 노름판을 벌이는 등의 모습에 환멸을 느끼며 늘 혼자 기도를 해 왔습니다.

"이다음에 커서 제가 시집을 갈 때는 하루 세 끼 조죽을 끓여 먹어도 좋으니 예수님 믿고 깨끗하게 사는 집으로 시집가게 해 주세요."

마치 그 기도가 이루어진 듯 박수근이 나타난 것이었습니다. 그러나 아버지는 가난한 아랫집 청년이 딸을 넘겨다보는 것이 싫어서 얕은 담에 울타리를 빼곡하게 쌓아 올렸습니다.

그리고 그 무렵 춘천 병원장 집 아들 등 두 군데의 혼처가 더 생기면서 둘은 위기를 만났지만, 결국 1940년 2월에 결혼을 하게 됩니다. 김복순 여사가 오래 간직한 남편의 구혼 편지는 다음과 같은 내용이었습니다.

"재산이라고는 붓과 팔레트밖에 없습니다. ⋯ 나와 결혼해 주신다면 물질적으로는 고생이 되겠으나 정신적으로는 누구보다도 행복하게 해드릴 자신이 있습니다. ⋯ 귀여운 당신을 내 아내로 맞이한다면 그보다 더한 행복은 없겠습니다. ⋯ 당신을 꼭 나의 배필로 하나님께서 정해주신 것으로 믿고 싶습니다. 나는 혼자서 당신을 모델로 그림을 그려 보기도 합니다. 솔직한 답장을 기다립니다."

두 사람은 신혼여행 후 행복한 신혼 생활을 보냈습니다. 그리고 죽을 때까지 서로 사랑했습니다. 김 여사는 남편이 자신을 얼마나 아꼈던지, 잃었던 보물이라도 찾은 양 늘 애지중지 그녀를 보살폈다고 했습니다. 박수근은 〈맷돌질하는 여인〉 등 아내의 모습을 자주 그림으로 그려 남기기도 했습니다.

아내를 모델로 그린
'맷돌질하는 여인'(1950년대)

가난해도 그림과 신앙으로 행복한 날들

박수근 화백 부부는 1948년에 장남 성소를 뇌염으로 잃기도 했습니다. 또 북한의 정치 상황에 몰려 공산당들로부터 숙청될 위기에 처했지만, 김복순 여사의 기지로 1950년에 겨우 남한으로 탈출하기도 했습니다. 그런데 그 과정에서 가족이 흩어지고 김 여사가 고문을 당하는 등 많은 고초를 겪었습니다.

1952년, 박 화백은 없는 돈을
모아 장만한 서울 창신동 집을
작업실 삼아 많은 그림을 그렸
고, 이 집으로 그의 그림을 사랑
하는 사람들이 찾아오기도 했습
니다. 유족들은 이때를 가장 행
복한 시절로 기억합니다.

1978년 김복순 여사,
박수근 화백의 묘소 앞에서

창신동에서 안정을 찾은 박수근 화백은 1953년경부터 본격적으로
자기 세계를 구축하고, 국전에 여러 차례 입선과 특선으로 작품이 선
정되는 등 큰 상들을 받았습니다. 그러나 여전히 삶은 궁핍했는데,
미국인 외교관 부인 마가렛 밀러 여사라는 사람이 그의 작품을 높이
평가해 가끔 주문을 해주어 가뭄의 단비처럼 고비를 넘기기도 했습
니다. 밀러 여사는 그가 무명이지만 장차 한국을 대표하는 큰 화가가
될 것이라며 당시에 큰 힘을 주었던 인물입니다.

그의 유작 '빨래터'는 2009년, 45억 2천만 원에 팔리면서 경매가 최
고액을 기록하기도 했지만, 정작 생전에는 큰돈을 벌지 못했습니다.

박 화백 부부는 창신동에서도 열심히 교회를 섬겼고, 전농동으로
이사한 뒤에 다닌 중곡동 장로교회 시절에는 김복순 여사가 전도사
로 활동하기도 했습니다. 김 여사는 평신도였지만, 워낙 신앙심이 투
철했기에 당시 담임목사가 전도사로 임명했던 것입니다. 그녀가 오
래 집을 비우며 사람들을 돌보러 다니는 동안 박수근 화백은 실컷 그

림을 그렸을 것 같습니다.

김복순 여사는 많은 사람을 헌신
적으로 섬겼습니다. 방황하던 사람
들을 위해 정성을 쏟고, 삶을 포기
하려던 사람까지 매일 죽을 쑤어다
먹이면서 살려내기도 했답니다.

돈보다 그림을 사랑한 진짜 화가

말년에 박수근 화백은 안질을 앓다가 백내장이 되었는데, 수술비
가 없어서 미루다가 결국 한쪽 시력을 잃게 됩니다. 화가에게 실명이
라니, 베토벤의 귀가 들리지 않는 것과 비슷한 일이었습니다. 그래도
그는 한 눈으로 매일 그림을 그렸다고 합니다. 눈이 두 개인 것은 원
근과 입체감을 위한 것인데, 그의 그림은 오랫동안 원근보다는 사물
을 극단적으로 단순화해 배치하는 스타일이었기에 충분히 가능했을
듯합니다.

박 화백은 눈 때문에 고생하다가 말년에는 간염과 신장염, 신부전
까지 나타났는데, 이미 눈에 집중하느라 시기를 놓쳐버렸고, 가난 때
문에 제대로 된 치료나 요양도 받지 못했습니다. 그렇게 고생을 하다
가 간경화 응혈증으로 마지막 순간을 맞이한 박수근 화백은 죽음 앞
에서는 오히려 평온하게 웃으며 누군가를 맞이하는 표정이었다고 합
니다. 그리고 "천당이 가까운 줄 알았는데 멀어, 멀어."라는 말을 마

지막으로 세상을 떠났습니다.

그는 늘 '참는 자에게 복이 있다', '이웃을 사랑하라.'는 성경말씀을 생각하면서 진실하게 살기 위해 애쓰며 이런 기도를 올렸습니다.

"주여, 더욱더 작아지게 하시고, 섬김을 받는 사람보다는 섬기는 사람이 되게 하소서."

1965년 5월 6일, 51세의 나이였으니, 요즘으로 치면 중년에 불과하고, 당시로서도 짧은 일생이었습니다. 김복순 여사는 14년 뒤인 1979년에 57세의 나이에 뇌졸중으로 남편의 뒤를 따랐습니다.

김 여사는 남편이 물건을 살 때면 큰 상점보다는 노상에서 주로 샀다고 말합니다. 광주리 장사하는 여인들을 늘 불쌍히 여겼고, 전쟁 후에 고생을 겪는 이웃들을 늘 애처롭게 여겨 남편의 그림 소재가 모두 노상에서 장사하는 사람들인지도 모르겠다고 했습니다. 한평생 그림에 가난한 이웃의 모습을 담으며 하나님 나라를 사모했던 박수근의 그림은, 여러 사람에게 호감을 샀던 그의 성품처럼 투박함 속에서도 시선을 잡아당깁니다. 그는 죽어서도 많은 사람에게 위로와 평화를 주고 있습니다.

생활공간이자 작업실이었던 창신동 집

철원 성소기도원

강원도 철원에는 4만 평 규모에
최대 1만 명까지 수용할 수 있는
전시관 겸 기도원이 있습니다.
이곳 성소기도원은 예배당은 물론
성경에 등장하는 성막과 예루살렘성
(도시), 노아의 방주를 그대로 재현한

곳인데, 가족 나들이와 교회 수련회 장소로 떠나기 좋은 곳입니다.
부대시설로 운동장과 쉼터, 수영장과 샤워장, 다양한 크기의 숙소 등이 갖춰져 있어서
이미 많은 사람이 찾고 있습니다. 특별히 노아의 방주와 동물들의 조형물이 눈길을
끕니다. 사실 방주는 둥근 배 모양이 아니라 긴 궤짝 같은 형태이므로
원형을 잘 재현한 만큼 자녀들의 창조 신앙 교육에도 적합한 공간입니다.

경기도 가평 필그림하우스 · 가평우리마을

가평군은 행정구역상 경기도이고,
서울에서도 가깝지만 실제로는
강원도 양구군(박수근미술관)과
홍천군(남궁억기념관)에서 조금
더 가까워서 이곳에 소개합니다.
필그림하우스는 지구촌교회에서 만든
숙박시설로 이미 많은 기독교인이 방
문하고 있습니다. 이곳에 조성된

천로역정 순례길에는 존 번연의 『천로역정』에 나오는 14개 단계마다 주인공 크리스천과
40여 명의 등장인물 조형물이 설치되어 묵상의 공간으로 활용되고 있습니다.
필그림하우스는 식당에서 침묵하도록 권하기도 하는데,
맑은 공기 속에서 고요하게 쉬며 재충전할 수 있는 곳입니다.
가평우리마을은 분당우리교회 교인들의 헌금으로 건립된 시설입니다.
가평군 설악면의 아름다운 풍광 속에 자리한 이곳은 사회적 약자나 장애인을 포함해

주님 안에서 쉼을 누리며 회복하기 원하는
모든 사람을 위한 공간입니다.
누구나 예약해서 숙박시설을 이용할 수 있는데,
숙소 이외에도 갤러리, 기도실, 세미나실, 체육관
등 다양한 부대시설이 마련되어 있습니다.

박수근 관련 유적지

창신동 동신교회와 박수근 집터

박수근 화백 가족이 다닌 창신동 동신교회는
옛 모습을 그대로 간직하고 있습니다.
동대문 뒤편의 복잡한 골목에 있는 교회는
박수근 화백이 살던 창신동 집에서 도보로 10분
거리에 있습니다. 1956년에 세워진 이 교회는
35명의 교우가 시작했는데, 대개 6·25 때
이북에서 공산당을 피해 내려온 사람들로
동대문 평화시장에서 옷 장사를 했다고 합니다.
박수근의 창신동 집은 사라졌지만, 집터는 찾아
볼 수 있습니다. 6호선 동묘앞역 6번 출구로
나가면 박수근길이라는 이름이 붙은 곳에
작은 표식과 간단한 전시물도 마련돼 있습니다.
주차할 곳도 없고 특별한 볼거리 없는

작은 골목이지만, 박수근의 이름을 기억하고 그리워하는 이들이라면
지나갈 일이 있을 때 한 번쯤 발걸음을 멈출 만큼 운치가 있는 공간입니다.

동대문에서
가깝네

충남

세상에서는 너희가 환난을 당하나 담대하라
내가 세상을 이기었노라 (요 16:33)

천안시 유관순열사기념관
서천군 월남이상재기념관

충남 볼거리
대천해수욕장 / 안면도 꽃지해수욕장 / 만리포해수욕장 / 천리포수목원
청풍호반케이블카 / 상당산성 / 단양팔경 / 청남대 등

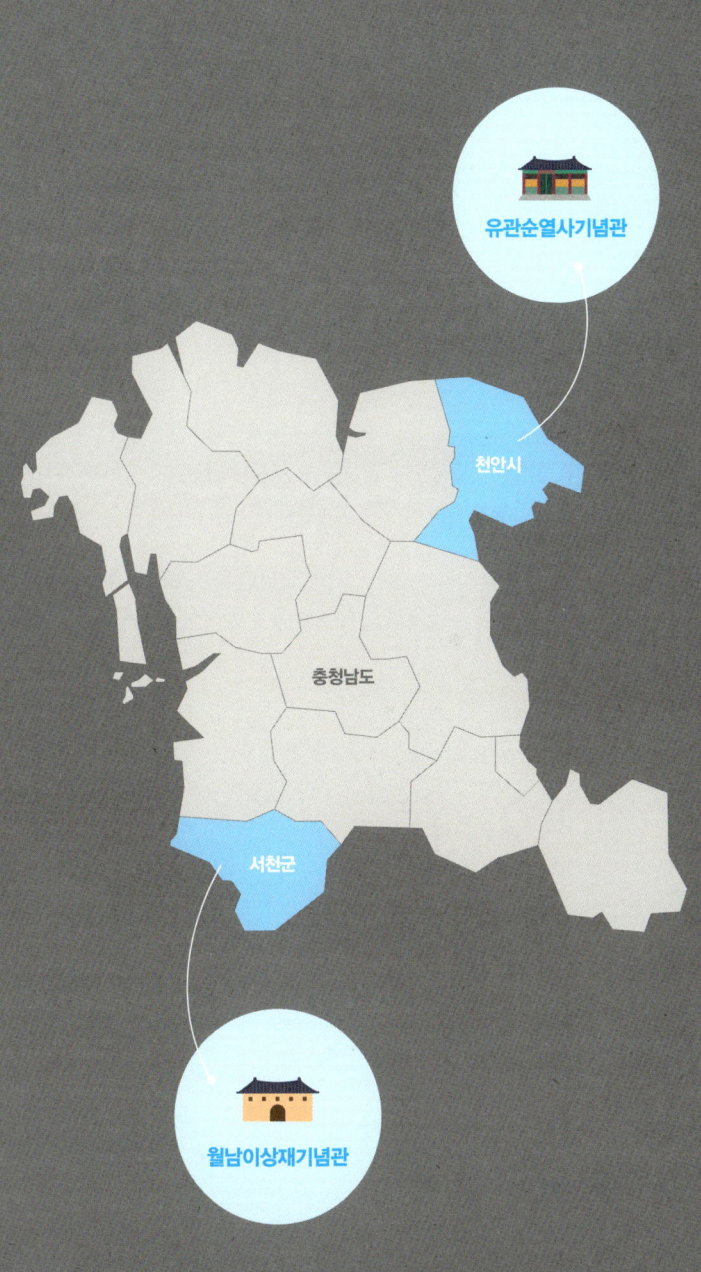

유관순열사기념관

천안시

충청남도

서천군

월남이상재기념관

유관순열사기념관

: 충남 천안시 동남구 병천면 유관순길 38

천안시 유관순열사기념관은 유관순의 고향인 병천에 있습니다. 기념관에는 유관순 시대의 다양한 자료들과 흔적들이 전시돼 있고, 이화학당 시절의 사진과 당시 사용되던 성경책 등을 볼 수 있습니다. 또한 유관순이 재판을 받는 장면을 재현한 애니메이션 등 멀티미디어 자료들도 구비돼 있습니다.

　유관순 열사 사적지는 기념관을 포함해 유관순 동상과 순국자 추모각, 매봉산 봉화대, 유관순 생가 등으로 조성돼 있습니다. 아우내장터 또한 유관순 사적지로 가는 길에 재래시장으로 여전히 남아 있기도 합니다. 병천에는 아우내 독립만세 기념공원도 있는데, 유관순 열사와 당시 만세운동에 나섰던 사람들의 항거를 기록한 조각품 등 다양한 조형물로 당시 사건을 기록하고 있습니다.

　서울 이화여고 안에는 유관순기념관이 있는데, 1974년에 만들어진 1,700석 규모의 강당으로 각종 공연이 무대에 올려지며, 유관순상 시상식 등의 행사도 거행됩니다. 또한 학교 입구에 있는 이화박물관(심슨기념관)에도 유관순 열사와 당시를 기억할 만한 자료들이 전시돼 있습니다.

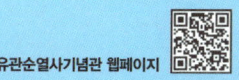

유관순열사기념관 웹페이지

17세 나이로 순국한 열사
유관순 1902-1920

: 아우내장터에서 횃불을 올린
독립운동의 샛별

독립운동의 아이콘인 유관순은 독립
투사들 중 가장 어렸고, 또 여성이었
지만 그 누구보다 당찬 결기로 일제에
굽히지 않았던 진정한 열사였습니다. 그녀는 폭력을 도모하거나 물
리적 힘을 동원하지 않고, 오직 기독교 정신으로 항거하고 또 외쳤습
니다. 그 목소리는 오랫동안 민족의 가슴에 남았습니다.

유관순은 교회 사람들을 중심으로 병천 아우내장터에서 만세운동
을 전개했는데, 인근 지역 여러 곳이 동참하면서 충청도 지역의 저항
운동에 결정적인 역할을 했습니다. 이화학당 시절에도 유관순은 엄
격한 기숙사의 담장을 넘어 만세운동을 벌이다 일본 경찰에 체포되
기도 했습니다.

만일 유관순 열사가 적당히 타협하고 물러났다면 긴 옥살이를 하

거나 모진 고문을 당하지 않았을 테지만, 그녀
는 일제의 어떤 협박에도 물러서지 않았고, 심
지어 법정에서 재판장에게까지 항의하며 바른
말을 했기에 그녀의 고난은 그칠 줄을 몰랐습
니다. 죽음도 막지 못한 용기와 항일정신에 유
관순 열사는 결국 서대문형무소에서 온갖 고문

유관순 열사

과 폭력에 시달리다 순국하게 됩니다. 불과 열일곱 나이에 누구보다
용감했던 유관순은 뒤늦게 행적이 알려지면서 영원한 독립운동의 샛
별, 한국의 잔다르크로 불리게 되었습니다.

누구보다 당차고 명석한 소녀

순대로 유명한 병천은 과거에 충남 목천군 이동면 지령리였습니
다. 유관순 열사는 이곳에서 1902년에 태어납니다. 1905년, 을사늑
약 이후로 일찍이 외국인 선교사들을 통해 기독교 신앙을 받아들인
유관순의 친척들과 가족은 모두 매봉감리교회 신자였습니다.

유관순은 불의한 일을 참지 못하는 성격이었습니다. 내 가족, 내
편이어도 잘못한 것은 인정할 줄 알았고, 아무리 어른이어도 부당한
일을 강요하면 끝까지 굽히지 않았다고 합니다. 또한 그녀는 글을 일
찍 깨우쳤고, 어린 시절부터 총명했습니다. 보통학교인 공주 영명학
교를 졸업한 뒤에 그녀의 신앙과 성실함을 알아본 이 학교의 설립자
이자 지역순회 선교사인 앨리스 샤프(사애리시)가 당시 이화학당의 당

장(교장)인 룰루 프라이에게
그녀를 추천해서 그녀는 친
척 언니인 유예도와 함께
이화학당에 입학했습니다.

이화학당의 옛 모습

이화학당에서도 유관순은
하루에도 몇 번씩 기도실을
찾아 기도를 드렸습니다. 얼마 안 가 그녀는 학교에서 기도를 제일
열심히 하는 학생으로 소문이 났고, 학업도 우수해 장학금을 받게 되
었습니다. 이화학당은 지금의 덕수궁 근처에 있는 이화여고인데, 당
시 학생들은 모두 덕수궁 돌담길 옆 정동제일교회에 출석했습니다.
유관순은 이곳에서 손정도 목사를 통해 하나님 사랑이 곧 나라 사랑
임을 배웠습니다. 또한 이화학당에서는 박인덕 선생의 가르침을 받
아 독립의 희망을 품었습니다. 이런 배움은 유관순이 고등학교 2학
년 때 일어난 3·1운동에서 실천으로 드러납니다.

타오르는 봉화, 아우내장터로 모이다

1919년 1월 22일, 고종 황제가 서거했습니다. 이 소식은 고종이 일
제에 독살되었다는 소문과 함께 온 국민의 분노를 일깨웠고, 3월 3일
부터 40일간 국장을 치르게 되어 있었지만, 민족대표 33인 등 지도
자들은 그보다 앞선 3월 1일에 탑골공원을 기점으로 전격적인 만세
운동을 시작합니다. 남녀노소 수많은 사람이 들고 일어난 놀라운 사

건이었습니다. 유관순은 박인덕, 하란사 선생이 주축이 된 교내 자치 모임인 이문회 학생들과 (학칙을 어기면서까지) 학교 담장을 넘어 만세운동에 적극적으로 참여했습니다. 그녀는 3월 5일에도 서울지역 학생 연합시위에 참석했다가 경무총감부에 체포되었는데, 외국인 선교사들의 항의로 풀려나기도 했습니다.

위기감을 느낀 조선총독부가 3월 10일, 전국 학교에 휴교령을 내리자 이화학당 학생들도 고향으로 뿔뿔이 흩어질 수밖에 없었습니다. 유관순은 그대로 있지 않고 자신이

앳된 모습의 당시 이화학당 학생들. 오른쪽 맨 뒤가 유관순

다니던 매봉교회 사람들과 지역에서 만세운동을 벌이기로 합니다. 장소는 병천 아우내장터, 날짜는 4월 1일로 결정되었습니다.

유관순은 함께 돌아온 친척 유예도와 함께 열심히 태극기를 그려 준비하고, 고향 일대는 물론 청주와 삽다리, 진천면 일대의 작은 마을들까지 돌며 만세운동에 동참할 사람들을 모았습니다. 드디어 만세운동 전날, 그녀는 매봉산에 올라 봉화를 올렸습니다. 각 지역에서 동참할 의지가 있는 지역끼리 응답의 횃불을 올리기로 했기 때문이었습니다. 유관순이 기도 후에 봉화를 올리자 산봉우리에서 하나둘 횃불이 타오르기 시작했습니다. 그렇게 올라온 횃불은 무려 24개나

되었습니다!

"오, 하나님이시여, 이제 시간이 임박했습니다. 원수 일본을 물리쳐 주시고, 이 땅에 자유와 독립을 주소서. 내일 거사할 각 대표에게 더욱 용기와 힘을 주시고, 온 민족이 행복한 땅이 되게 하소서. 주여, 함께하시고 이 소녀에게 용기와 힘을 주옵소서. 대한 독립만세, 대한 독립만세!"

이때 유관순이 올린 기도문입니다. 그 간절함과 용기가 정말 가상하지만, 어린 마음에 얼마나 또 두렵고 떨렸을까요. 그렇게 시작한 아우내장터의 만세운동은 4월 1일 오후 1시에 시작되었습니다. 이때 모인 사람들은 3천 명이 넘었습니다.

모진 고문에도 굽히지 않은 뜨거운 열정

병천 아우내장터의 만세운동은 조인원이 독립선언서를 낭독하면서 시작했고, 참석자들은 독립선언식 이후 만세를 외친 뒤 행진을 했습니다. 이 만세운동에는 유관순의 아버지 유중권 등 매봉교회 사람들이 주축이 되었습니다. 일본 헌병들이 이들의 갑작스러운 시위를 총칼로 저지하는 과정에서 유관순의 아버지와 어머니 등 19명이 즉시 사망했고, 중상을 입고 죽은 사람도 30명에 이르렀습니다. 분노한 사람들은 시신을 메고 헌병주재소를 습격하는 등 격렬하게 저항했습니다.

병천 만세운동의 주동자로 지목된 유관순은 10여 일 구금을 당하며 취조와 고문을 받다가 공주법원으로 송치됐습니다. 그녀는 그곳에서 공주지역 만세운동으로 체포된 친오빠 유관옥을 만났는데, 이때 어머니와 아버지가 돌

아우내장터의 항거를 묘사한 아우내독립만세기념공원의 조형물

아가셨다는 소식을 들었습니다. 유관순은 공주재판소에서 5년 형을 받았고, 항소하여 경성복심법원에서 2년 줄어든 3년 형을 받아 서대문형무소에 수감되었습니다.

재판에서 유관순은 줄기차게 자신은 죄가 없다고 외쳤으며, 한국 땅에 들어온 도둑을 몰아내려 한 것이니 해야 할 일을 했을 뿐이라고 당당하게 맞섰습니다. 일제는 한국인에게 일본 국적을 부여한 적도 없고, 한국인은 황국 신민이었던 적도 없기에 사실상 재판을 할 자격도 없는 것이었습니다.

서대문형무소에는 독립운동에 관여한 주요 인사들도 수감돼 있었는데, 유관순은 여성 지도자급 인사들을 따로 모은 8호 감방에 수감되었습니다. 그곳에는 그녀의 스승인 박인덕 선생과 개성 만세운동을 이끈 개성북부교회의 어윤희 등 주요 인물들이 함께 있었습니다. 재판 때면 천황을 모독했다는 이유로 유관순은 푸른색이 아닌 황토

색 죄수복을 입혀 특별 감시를 했다고 합니다.
옥중에서도 종종 만세를 부른 유관순에게는
잦은 고문과 밥을 굶기는 처벌이 이어졌
고, 그녀의 몸은 날이 갈수록 허약해졌
습니다.

나라에 바칠 목숨이 오직 하나뿐이라는 것만이 이 소녀의 유일한 슬픔입니다.

　3·1운동 1주년이 다가왔을 때,
유관순은 수감된 이들과 함께 옥중
만세운동을 계획했습니다. 시간이 되어 힘껏 만세를 부르자 형무소
에 수감된 일반 죄수들까지 합세해 대대적인 운동이 일어났고 형무
소가 발칵 뒤집혔습니다. 그 결과로 이에 가담한 사람들과 유관순은
가혹한 고문을 피할 수 없었습니다.

꺼지지 않는 민족사랑의 햇불

　4월 28일에는 고종의 아들인 영친왕과 일본 황족인 이방자의 결혼
이 있었는데, 일제는 국가적 경사라며 수감자들의 형을 반으로 줄여
주었고, 대부분의 사람들은 이때 풀려났습니다. 이화학당에서 탑골
공원 만세운동에 나갔던 친구들도 모두 학교로 돌아왔지만, 유관순
은 여전히 형기가 남아 있었습니다.

　이화학당의 친구들은 유관순이 돌아오기를 기다리며 환영회까지
준비했으나, 안타깝게도 그녀에게는 이미 죽음의 그림자가 짙게 드
리워져 절망적인 상태에 있었습니다. 그녀는 뒤늦게 환자 방으로 옮

겨졌지만, 정신을 놓게 되는 일이 잦았습니다.

유관순 열사는 그해 9월 28일 아침에 숨을 거두었습니다. 사인 중 하나는 일본 경찰의 고문에 의한 방광 파열이었습니다. 형무소 측은

처음에 그녀의 시신을 내주지 않으려고 했는데, 너무나 심한 고문의 흔적들 때문이었습니다. 이화학당의 5대 교장인 지네트 월터 등은 시신을 내주지 않으면 국제적으로 공론화해 외교 문제로 삼겠다며

서대문형무소역사관 지하에 보존돼 있는 독방 시설

강력히 항의해 시신을 찾았습니다. 유관순의 시신은 10월 12일에야 이화학당으로 옮겨졌고, 그녀의 장례는 10월 14일에 정동교회에서 치러졌습니다.

유관순의 이야기는 그냥 잊힐 뻔했으나 광복 후 박인덕 선생 등에 의해 알려졌습니다. 하나님과 이웃을 사랑한 그녀는 교회에서 나고 자라 교회를 통해 독립운동을 하고, 선교사들이 만든 학교를 다녔으며, 교회에서 장례를 치른 사람이었습니다. 굳은 결기로 맞섰지만, 스스로는 다른 이를 해치지 않았던 진정한 신앙인이자 의인이었던 유관순 열사. 그녀의 정신은 오늘도 가장 뜨겁고 아름다운 민족사랑의 횃불로 타오르고 있습니다.

근처의 기독교 유적지

천안 목천 독립기념관

유관순 사적지에서 무척 가까운 이 독립기념관은
넓은 대지에 다양한 시설이 있어서 51m 높이의
조형물인 겨레의 탑을 지나 한참을 들어가야
본 전시관을 만날 수 있습니다. 1987년에 개관한
이곳에는 10만 점에 달하는 유물과 유품이 전시돼
있어서 많은 학생과 시민이 개인과 단체로
찾아가는 학습 공간이기도 합니다. 1986년에 왜곡된
역사를 바로잡기 위한 대대적인 논의가 촉발되어
대국민 모금운동이 펼쳐졌는데, 이때 전 국민과
학교 단위로 모인 성금은 490억 원에 달했습니다.
어느 나라에 가도 독립 영웅들은 마땅히 최고의 예우를 받는데,
나라가 부강해질수록 그 의미를 더하게 됩니다. 독립기념관은 나라의 역사를
잊지 말자는 간절한 호소이기도 하므로 그 나라에 걸맞은 위상을 지녀야 합니다.
목천 독립기념관은 우리나라를 대표하는 기념관이므로, 만일 유관순열사기념관에
들렀다면 이곳도 반드시 방문해야 할 필수 코스입니다.

 유관순 관련 유적지

천안 유관순 열사 생가와 매봉교회

유관순열사기념관에서 태극기가 세워진
길을 따라 500m 정도 가면
유관순의 생가와 교회가 나옵니다.
초가집으로 된 기역자 모양의 생가의
내부에는 함께 태극기를 그려서 만드는
사람들과 만세운동을 계획하는 사람들의
모습이 마네킹으로 재현돼 있습니다. 유관순 열사 생가는 1919년에
병천 만세운동 때 전소되어 빈터만 남았던 곳인데, 1919년에 복원했습니다.

여기서
태극기를?

바로 앞에는 유관순 가족이 다닌 매봉감리교회가
있는데, 지하에는 또 하나의 전시관이 있어서
유관순 열사의 행적은 물론 독립운동 당시 참여한 수
많은 교인의 역사를 돌아볼 수 있습니다.
이 교회는 국채보상운동에 동참했다는 이유 등으로
1907년에 일제에 의해 전소되기도 했으나, 유관순의
친척 유빈기와 유중무가 엘머 케이블(E. Cable)
선교사의 지원으로 다시 설립했습니다.
이후 병천 만세운동으로 1922년에 폐쇄되었으나
유관순의 모교인 이화여고(이화학당)의 개교 80주년
기념 모금운동으로 1998년에 신축했습니다.

여긴 어때요?

서울 서대문형무소역사관

지하철 3호선 독립문역에는
서대문역사공원이 조성돼 있습니다.
이곳에 파리의 개선문을 본떠 만든
독립문이 있고, 공원과 함께
서대문형무소가 보존돼 있습니다.
본관 건물은 박물관으로 1, 2층은
전시 공간이며, 지하는 옛 형무소 시설을 보존하고 있습니다.
서대문형무소는 주요 독립투사들을 혹독하게 고문한 악명 높은 곳인데,
유관순 열사처럼 독립운동에 몸을 던졌던 많은 분의 외침이 들리는 듯합니다.
지하에는 물고문 시설과 취조 현장을 재현한 마네킹도 전시돼 있습니다.
서대문형무소는 본관 외에도 여러 시설이 그대로 남아 있어
역사를 돌아보고자 하는 많은 시민과 학생이 견학하고 있습니다.
서대문 역사공원 바로 옆에는 대한민국임시정부기념관 건물도 있어서
함께 둘러보면 좋습니다(안창호 편 참고).

월남이상재기념관

: 충청남도 서천군 한산면 종지리 263

월남 이상재 선생이 태어난 충남 서천에는 생가와 기념관이 함께 있습니다. 아주 평화롭고 평범한 시골 마을이라 기념관이 오히려 생소하게 느껴질 정도입니다. 이곳은 기념관만 잘 살펴보아도 이상재 선생의 행적과 일생을 충분히 알 수 있도록 많은 자료를 꼼꼼하게 정리해 전시하고 있습니다.

오래전의 사진들과 YMCA 관련 기록들, 선생이 활동하던 당시의 모습을 재현한 조형물도 볼 수 있습니다. 이상재 선생 특유의 풍자와 해학이 있는 에피소드를 소개한 부분에서는 각각의 버튼을 누르면 음성이 나오도록 만들어져 있습니다. 마당에는 기념비와 동상 등이 있고, 한쪽에는 생가를 재현한 초가집이 세워져 있습니다.

월남이상재기념관에서는 입구의 문화관광 해설사를 통해 안내를 받을 수도 있습니다. 스탬프 투어도 할 수 있고, 감옥 체험도 가능합니다. 이상재 선생이 1887년에 방문했던 미국 워싱턴 대한제국공사관 건물 사진은 자석 퍼즐로도 만들어져 있어서 어린 자녀들과 함께하기도 좋은 기념관입니다.

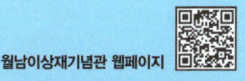

월남이상재기념관 웹페이지

한국 사회의 거목
월남 이상재 1850~1927

: 해학과 기개로 온 민족을
위로한 큰 스승

월남 이상재 선생은 유교에서 기독
교로 개종한 인물로 초창기 YMCA에
서 핵심적 인물로 활동하며 3·1운동
의 방식을 마련하는 등 독립을 위한 다양한 활동을 펼쳤습니다. 그는
나이가 들어도 청년의 마음을 잃지 않았고, 언제나 당당하게 일제에
맞섰던 모습 때문에 나라를 빼앗긴 많은 백성은 그의 소식에 웃고 또
통쾌해하며 위로를 얻었습니다.

이상재 선생은 1903년부터 1년간 옥살이할 때 성경을 접하게 되었
는데, 요한복음에 깊이 감화되어 30번이나 읽고 또 읽었다고 합니
다. "태초에 말씀이 계시니라 이 말씀이 하나님과 함께 계셨으니 이
말씀은 곧 하나님이시니라 … 그 안에 생명이 있었으니 이 생명은 사
람들의 빛이라 빛이 어둠에 비치되 어둠이 깨닫지 못하더라."로 시작

하는 첫 부분이나 유명한 3장 16절 "하나님이 세
상을 이처럼 사랑하사 독생자를 주셨으니 이는
그를 믿는 자마다 멸망하지 않고 영생을 얻게 하
려 하심이라." 등등의 말씀에 푹 빠졌습니다.

월남 이상재

그리고 21장에 이르러 그는 하나님의 음성을
확실히 들었다고 합니다. 부활하신 예수님이 베
드로에게, "네가 이 사람들보다 나를 더 사랑하느냐?" 물으셨을 때
베드로는 "주님, 그러하나이다 내가 주님을 사랑하는 줄 주님께서 아
시나이다."라고 대답했습니다. 이렇게 세 번 묻고 답하는 대목이 마
치 하나님께서 자신에게 "내 양을 먹여라. 조선 백성들을 먹여라."
하고 말씀하시는 것처럼 느끼게 되었다는 것입니다. 이후 선생은 죽
는 날까지 한국 민족의 참 스승으로 남아 일제로부터 사람들을 지켜
냈습니다.

감옥에서 만난 성경으로 다시 태어나다

이상재 선생은 1850년에 고려 시대의 문인 목은 이색의 13대손으
로 충남 서천에서 출생했습니다. 한학을 공부한 이상재는 18세에 서
울에 올라와 과거시험을 치렀지만 낙방했는데, 그의 비범함을 알아
본 사람과의 뜻밖의 인연을 만나게 됩니다. 그 주인공은 첫 주미공사
관서기관으로 임명되기도 했던 고위관료 박정양이었습니다. 이상재
선생은 그를 도와 미국에서 미국시찰견문록의 집필을 돕기도 했고,

지금의 행안부 장관에 해당하는 내각총
서로 임명되어 고종을 황제로 추대하고
대한제국을 선포하는 광무개혁을 도왔
습니다(1897).

청년 시절 관복을 입은
이상재 선생

　당시 복잡한 국제정세 속에서 개혁의
필요성을 절감한 이상재 선생은 서재
필, 윤치호 등과 함께 〈독립신문〉을 발
간하고 독립협회를 운영하기도 했는데,
여러 번 상소를 올려 입헌군주제와 같
은 제도를 제안했습니다. 한마디로 개회된 세상의 방식으로 속히 개
혁해야 열강의 틈바구니에서 생존할 수 있다는 의미였지만, 그가 독
립협회 세력과 함께 국가를 전복하려 한다는 음모에 휘말려 1년 동
안 한성감옥에 투옥되었습니다. 그러나 그 기간에 선교사들이 전해
준 성경을 통해 하나님을 만나게 된 이상재는 비몽사몽간에 하나님
의 음성을 들었다고 합니다. '한 임금이 보낸 사자'가 그에게 와서 이
렇게 말했다는 것입니다.

　"나는 수년 전 그대가 워싱턴에 있을 때 성경을 주어 예수를 믿을
수 있는 기회를 주었건만 그대는 거절했다. 그것이 첫 번째 큰 죄다.
다시 그대가 독립협회에 가담했을 때도 기회를 주었는데 그대는 예
수를 믿지 않을 뿐만 아니라 다른 사람들까지도 방해했다. 이런 식으
로 그대는 민족이 진보할 기회를 막았으니, 이것이 더 큰 죄다. 나는

그대의 생명을 보존하여 옥중에 두었고, 이제 믿을 수 있는 또 다른 기회를 주니 지금이라도 잘못을 회개하지 않는다면 전보다 더 큰 죄가 될 것이다."

이후로 그는 하나님을 두려워하게 되었고, 회심한 뒤부터 성경 읽기를 게을리하지 않았다고 합니다.

청년의 마음으로 YMCA와 평생 동행하다

일본이 러일 전쟁의 기세를 몰아 1905년 11월에 을사늑약을 체결할 때, 나라를 판 친일파들이 이완용을 총리대신으로 하는 새 내각을 구성했는데, 고종황제가 의정부 참찬을 맡으라는 하명을 이상재 선생에게 했을 때, 그는 단호한 상소문을 올리며 사양했습니다.

"신은 만 번 죽을지언정 이처럼 매국하는 도적들과는 한자리에 설 수 없사오니 폐하께서는 만일 신이 틀렸다고 생각하시거든 저의 목을 베어 모든 도적에게 사례하시고, 만일 신의 말이 옳다고 여기시거든 모든 도적의 목을 베어 전 국민에게 사례하소서."

고종 황제에게는 매국노들 사이에서 결단을 촉구하는 동시에 자신의 절개를 강력히 선언한 것인데, 나라를 향한 애국심과 결기가 돋보이는 행동이었습니다.

이상재 선생은 평생을 기독교인으로 살면서 하나님 안에서 자유로운 나라를 꿈꾸었습니다. 1903년에 장로교와 감리교 선교사들이 청년이 없는 교회의 미래를 우려해 만든 황성기독교청년회(YMCA)가 창설됐는데, 그는 이 기독교 단체를 통해 구국 운동을 벌이기로 결심합니다. 그래서 감옥에서 나온 1904년에 이 단체의 교육부 위원장이 되었고, 노년이 되기까지도 청년의 감각으로 요직을 맡아 기독 청년은 물론 온 국민의 정신적 지주로 자리를 지켰습니다. 그는 "청년이라는 말은 새 말이요, 새 개념이다."라며 YMCA를 통한 시민운동에 전념했습니다. 또한 야구와 같은 근대 스포츠를 국내에 도입했는데, 당시 큰 관심을 받았던 야구를 모티프로 한 영화가 〈YMCA 야구단〉(2002)입니다.

YMCA 야구단 경기에 시구자로 나선 이상재 선생

기독교 정신으로 완성한 독립만세운동

1910년에 한일강제병합 이후 많은 사람이 변절해 일본 천황이 주는 작위를 받았지만, 이상재는 거절했습니다. 그러나 일본 시찰에는 끌려가지 않을 수 없었습니다. 일본의 발전상을 본 그는 감상평을 묻는 일본인들에게 "여기 와서 새어머니를 만나 보니 죽은 어머니 생각이 더욱 간절하오."라고 답했습니다. 또한 일본에서 가장 큰 무기고와 군수물자 공장을 견학한 뒤 도쿄 시장이 베푼 환영회 석상에서는 이런 말을 했습니다.

"오늘 동양 제일의 일본 병기창을 보니 일본이 최고의 강대국임을 알게 되었소. 그러나 한 가지 걱정은, 성경에 칼을 가지는 자는 다 칼로 망한다 했으니(마 26:52 참고), 일본이 그처럼 칼을 쓰다가 망할까 하는 일이오."

그는 대단한 기개에 일본인들조차 아무 말을 못 했다고 합니다.

1919년, 이상재 선생은 공직자라 드러내 참여할 수는 없었지만, 각 종교 지도자들이 모인 민족대표 33인은 3·1운동을 어떻게 전개할지 고민이었습니다. 그때 그는 살육하는 것은 죽기로 항거하여 대의를 세움만 못하다고 제의했습니다. 그렇게 비폭력의 운동이 일어나 인류 역사상 드물고 놀라운 독립만세운동이 시작된 것이었습니다. 이는 무도한 자들의 음모에도 하나님의 뜻을 이루시기 위해 털 깎이는 양같이 고난의 길로 가신 예수님의 최후 승리를 잘 알았던 선생의 탁월한 사상입니다. 이상재 선생은 3·1운동 직후 체포되었다가 6월에 석방되는데, 이 민족적 운동의 배후에 월남이 반드시 있을 거라는 일제의 판단 때문이었습니다.

유머와 기지로 함께 넘은 고난의 세월

이상재 선생은 기개와 해학과 기지를 빼놓고 말할 수 없는 사람이었습니다. 식민지에서 고통받던 온 국민의 마음을 시원하게 해준 에피소드가 많이 있는데 일본인들조차 무시하지 못하던 그의 유머와 당당함을 엿볼 수 있습니다. 그는 YMCA의 정기 강연이나 체육활동 때 종종 사회를 보았는데, 한번은 그가 단상에 올라 보니 일본 형사들이 많이 눈에 띄었습니다. 그 모양이 언짢았던 이상재 선생은 먼 산을 바라보며 한마디 했습니다.

1911년, YMCA 건물의 모습
지금도 오랫동안 그 자리를 지킨 서울 YMCA 종로회관이 있는데, 여전히 각종 시민운동과 교육사업을 진행하고 있다.

"때아닌 개나리꽃이 왜 이리 많이 피었을까…?"

그러자 객석에서 폭소가 터졌습니다. 당시 형사들을 은어로 '개', 순경은 '나리'라고 불렀기 때문에 모두가 금방 그 말을 이해했기 때문이었지요. 눈치를 보던 일본 형사들은 이내 강연장을 슬금슬금 빠져나갔다고 합니다.

이상재 선생은 폐부를 찌르는 행동으로 일본인들과 매국노들의 간담을 서늘하게 했습니다. 이완용이 조선미술협회를 창설한 뒤 그를 초청했는데, 이완용과 송병준 등 당대의 매국노들에게 비위가 상한 이상재 선생은 대뜸 이렇게 말합니다.

"대감네들, 도쿄로 이사를 가시지오."

"별안간 그게 무슨 말씀이오?"

"대감들은 나라를 망치는 데 일가견이 있으니, 도쿄로 이사를 가면 일본도 금방 망할 것 아닙니까."

그야말로 뼈를 때리는 말이었습니다. 이러니 월남 선생의 인기가 폭발하지 않을 수 있었겠습니까. 그래서 1927년 4월 7일에 그가 숨을 거두었을 때, 온 국민이 큰 슬픔에 빠졌습니다. 선생의 사회장은 800명이 영구차를 따랐고, 학생이 3천 명, 조기와 깃발을 든 사람은 500명, 연도의 시민이 10만 명 그리고 이념 성향 구분 없이 243개 단체가 모였습니다. 그를 모신 특별 열차가 경성역에서 군산까지 가는 동안 정거장마

최초의 사회장으로 치러진
이상재 선생의 장례식

다 애통해하는 군중이 인산인해를 이루었다고 합니다. 조선총독부조차 반대하지 못했던 그의 장례식을 일본인들도 주목했습니다.

기독교를 받아들이면서도 민족 사랑을 잃지 않은 월남 이상재 선생의 비폭력의 저항 정신은 우리나라가 독립을 꿈꾸는 동시에 평화도 사랑하는 민족임을 알렸습니다. 무도한 세월, 청년과 백성들이 꿈과 희망을 잃지 않게 한 스승이자 친구였던 이상재 선생의 정신을 우리도 본받아, 하나님과 나라와 이웃을 사랑하는 균형 잡힌 기독교인이 되기를 기도합니다.

서천 성경전래지기념관

서천 마량진 포구에는 최초 성경 전래지가 있습니다. 한국 교회에 커다란 의미가 있는 장소로 성경전 래지기념관과 기념공원이 조성돼 있습니다. 1816년(조선 순조 16년), 서해안 탐사를 위해 찾아온 영국 함선 알세스트호와 리라호는 그해 9월 5일에 이곳 마량진의 갈곶에 정박합니다. 이들의 등장에 놀란 관리들은 함대에 접근해 지휘관들을 만납니다. 이때 알세스트호의 함장 맥스웰 대령은 배에 오른 마량진 첨사 조대복과 현감 이승렬에게 두꺼운 책 한 권을 선물로 전했습니다. 조선인들이 접해 본 적 없는 문자로 이루어진 이 책은 바로 성경이었습니다. 이것이 한반도에 처음 전해진 성경책입니다. 2016년, 바로 이 역사적인 장소에 성경전래지기념관이 세워졌습니다.

이곳은 이미 많은 성도가 교회 단위로, 또 나들이 겸 다녀가는 명소가 되었습니다.

이 기념관 안에는 맥스웰과 조선 대표가 성경을 주고받는 장면을 표현한 조형물이 있고 당시 함대의 모형도 만들어 놓았습니다.

1~2층 복층으로 구성된 전시관에서 성경의 역사를 알아볼 수 있으며, 희귀한 원어 성경본과 초창기에 제작된 우리말 성경들도 볼 수 있습니다.

맥스웰과 조선 대표가 만나는 장면을 재현한 곳

마량진으로 들어온 외국 함대를 형상화한 조형물

그리고 세계에 몇 권밖에 남지 않은 킹제임스 영어성경 초판본을 구매한 이야기와 함께
진품도 전시하고 있습니다. 3층에서는 성경과 기념품, 특산품을 판매하고 있고,
카페도 마련돼 있습니다. 탁 트인 바다와 마량진이 한눈에 내다보이는 발코니에서
사진 촬영도 할 수 있습니다. 기념관 앞 기념공원에는 성경 전래 기념비와
영국 범선 조형물 등이 설치돼 있어 볼거리를 제공하고 있습니다. 또한 이곳에서
5분 거리에 있는 아펜젤러순직기념관도 함께 둘러보면 좋습니다(아펜젤러 편 참고).

이상재 관련 유적지

종묘공원 이상재 선생 동상

서울 종로 광장시장 건너편 종묘공원(종묘광장공원)의
매표소 앞에는 이상재 선생의 동상과 기념물이 있습니다.
이곳에는 윤보선 전 대통령의 비문과 역사학자 정인보,
월탄 박종화의 추모사 등이 남아 있고, 만민공동회에
참여한 사람들을 상징하는 부조상이 조성돼 있습니다.

경기도 양주 이상재 묘소

1957년, 충남 서천 한산면에서 경기도 양주로 옮겨진
이상재 선생의 묘소는 양주시의 전원일기 마을 끝에
있는데, 내비게이션에 검색은 되지만,
목적지 끝까지 안내하지 않습니다.
차가 한 대밖에 지날 수 없는 제법 긴 산길이라, 차로 가면
마주 오는 차를 만날 수 있으니 주의가 필요합니다.
진입로에 차를 두고 20여 분 걸어가면
금바위 저수지 앞의 비석이 나오고
동산 위에 있는 묘역에도 오를 수 있습니다.

이상재 선생 묘소 입구의 묘비.
서천 기념관에도 같은 것이 있다.

전남

우리가 살아도 주를 위하여 살고 죽어도 주를 위하여 죽나니
그러므로 사나 죽으나 우리가 주의 것이로다 (롬 14:8)

전라남도 신안군 문준경전도사순교기념관

전라남도 여수시 손양원목사순교기념관

전남 볼거리

천사대교 / 퍼플섬(안좌도 부속 반월도 · 박지도) / 함평 나비대축제 / 1004 뮤지엄파크
여수 오동도 / 여수 돌산대교 / 여수 해상 케이블카 / 순천만 국가정원 / 낙안읍성 등

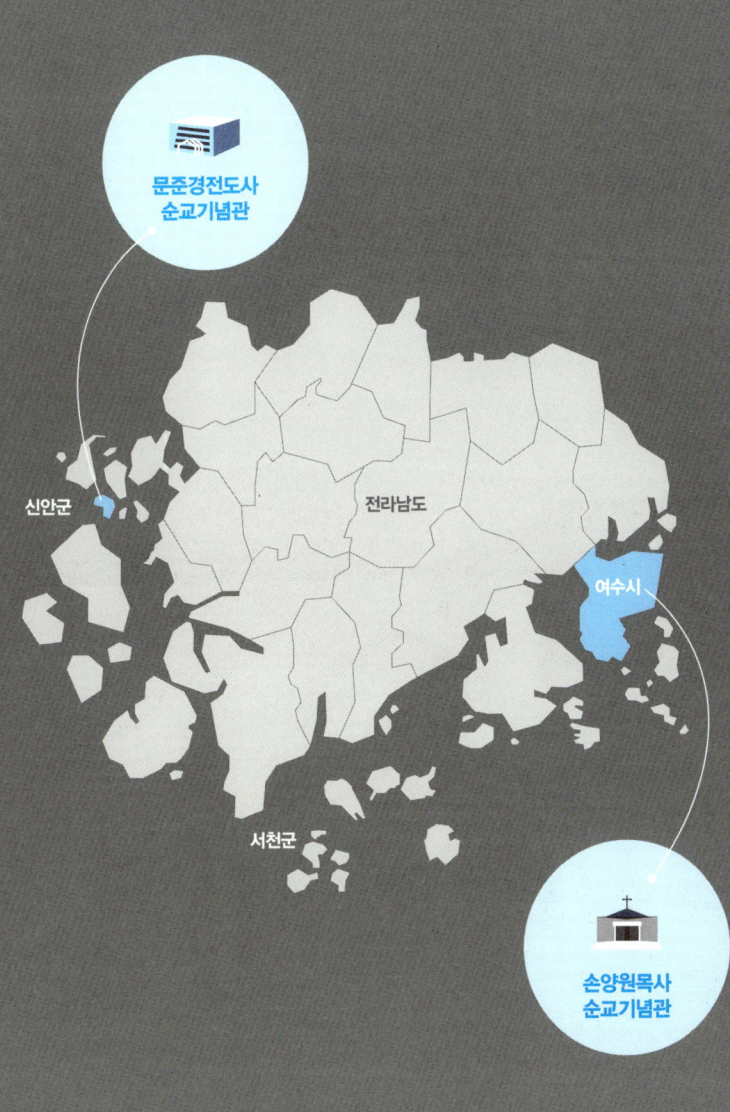

문준경전도사
순교기념관

신안군

전라남도

여수시

서천군

손양원목사
순교기념관

문준경전도사순교기념관

: 전남 신안군 증도면 문준경길 234

이곳은 주기철 목사, 손양원 목사와 함께 3대 순교자로 꼽히는 문준경 전도사의 업적과 순교 정신을 기리는 기념관으로 문 전도사가 활동한 신안군 증도에 있습니다. 2013년에 개관한 이곳은 문준경의 일대기와 신앙, 그리고 성결교단의 교리 등을 상세히 안내하고 있고, 그가 사용하던 성경책 등 오래된 유품들도 전시하고 있습니다.

　전시관에는 6·25 전쟁 중 공산당의 핍박에 맞서 순교한 여러 교회들의 수많은 사람에 대한 역사도 함께 전시돼 있습니다. 그 놀라운 기록을 살펴보다 보면, 우리는 너무나 편안함만 추구하며 나태해진 것은 아닌지 우리의 신앙생활을 반성하게 됩니다. 기념관에는 생활관 시설도 만들어져 있어서 교회별로 먼 지역에서 찾아온 방문객들이 하루 묵으면서 단체 수련회 등을 가질 수도 있습니다.

　기념관 바로 앞에 펼쳐진 해변은 문 전도사가 처형을 당한 바닷가입니다. 그토록 끔찍한 학살이 벌어졌었다는 것이 믿어지지 않을 만큼 평화롭고 조용한 모래밭입니다. 이곳에 문준경의 순교 기념비가 있고, 잠시 쉬어 가며 기도할 수 있는 장소도 있습니다.

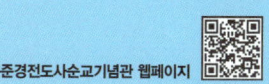
문준경전도사순교기념관 웹페이지

공산당의 총칼에 맞선
순교자 문준경 1891-1950

: 어머니의 마음을 품은
섬마을의 복음 전도자

우리나라에서 기독교인의 분포가 가장 높은 곳은 신안군 일대일 것입니다. 그중에서도 증도는 90%에 가까운 복음화율을 보입니다. 실제로 이 섬에 가면 사찰이나 기타 종교 시설을 발견할 수 없고, 모퉁이를 돌 때마다 교회를 발견할 수 있습니다. 이토록 은혜로운 장면은 문준경이라는 평범한 섬 여인으로부터 시작되었습니다.

우연히 전도를 받고 예수님을 영접한 문준경은 서울을 오가며 신학 공부를 해서 전도사가 되었습니다. 그리고 섬에 교회를 세우는 것에 그치지 않고, 복음을 전하기 위해 신안군 일대의 섬인 증도, 압해도, 지도, 임자도, 자은도, 암태도, 안좌도 등지를 발이 닳도록 오가며 어머니처럼 이웃을 섬겼습니다.

그러나 문준경 전도사는 6·25 전쟁이 발발한 1950년 10월에 공산당과 폭도들로부터 핍박을 받다가 결국 순교하고 말았습니다. 하지만 그녀가 남긴 유산은 오늘날 수많은 목회자와 무수히 세워진 교회에 고스란히 남아 있습니다. 1년 동안 무려 아홉 켤레의 고무신이 닳을 정도로 지역 곳곳을 누비며 복음을 전했던 문준경 전도사의 일대기는 한국 교회의 귀중한 자산입니다.

문준경 전도사

불운했던 결혼생활?

문준경은 1891년 2월에 신안군 암태도의 작은 마을인 수곡리에서 진사의 딸로 꽤 유복하게 태어났습니다. 그녀는 어려서부터 명석했지만, 그때만 해도 여자는 글공부를 할 수 없어서 서당에 다니고 싶었으나 그럴 수가 없었다고 합니다.

열일곱에 치러진 문준경의 결혼생활에 대해서는 오랫동안 오해가 있었습니다. 첫날밤에 소박맞았다든지, 남편 정 씨에게 이미 여자가 있어서 구박만 당했다든지 하는 이야기들이 정설로 통했으나, 문 전도사의 삶을 극적으로 보이게 만드는 장치로 과장된 것 같습니다.

사실 남편 정근택과 문준경은 서로 존중하던 사이였고, 그녀는 남편 가문의 대를 잇기 위해 (지금의 정서에는 맞지 않지만) 둘째 부인을 맞도록 주선했다고 합니다. 더욱이 둘째 부인과도 사이가 좋아서 첫아이를 받는 산파의 역할까지 했고, 그 아이는 문준경을 큰어머니라고 부르며 평생 따랐다고 합니다. 남편 정 씨는 사업에 성공한 지역 유지로서 나중에는 문 전도사의 교회 개척 자금까지 대는 등 세간에 알려진 것과는 다른 역사들이 속속 드러나기도 했습니다.

문 전도사와 관련된 부정적인 소문은 그녀의 분신 같은 백정희 전도사 한 사람의 증언에서 시작했습니다. 사실 그런 처지는 백 전도사의 삶이었고, 그런 고난과 부정적인 부분을 자신의 인생과 동일시해서 그렇게 기억을 굳혀 간 것이 아닌가 하고 사람들이 추정합니다.

이 정정된 이야기는 문 전도사가 속한 성결교단의 공식 입장이면서 정근택의 당질 정태기 목사를 비롯해 이만신, 원팔연, 박문석 목사 등 여러 원로가 한목소리로 인정하고 있습니다. 물론 가장 중요한 것은 개인사가 아니라, 하나님이 그녀를 어떻게 사용하시고 어떤 열매를 맺었으며 또 순교자로서의 삶이 이 땅에 어떤 영향을 주었는가일 것입니다.

사업 때문에 증도에서 한 달에 2~3일씩 머물렀던 남편 때문에 문준경이 외로웠던 것은 사실이었던 것 같습니다. 아이가 생기지 않아 초조함과 시름이 깊어지던 때, 시아버지가 그녀에

문준경의 남편 정근택과 둘째 부인 가족

게 직접 글을 가르쳐 주기 시작했습니다. 어릴 적 소원이었던 글공부를 하게 된 준경은 책을 통해 이전에는 몰랐던 기쁨을 맛보았습니다.

그러나 얼마 안 가 시아버지가 돌아가셨습니다. 둘은 분가를 했지만 여전히 자식이 없자, 그녀는 남편에게 둘째 부인을 얻으라고 권하지만 그는 반대했습니다. 준경은 시아버지의 3년상을 치르기 위해 시댁 본가로 돌아왔고, 정 씨는 매형의 주선으로 남편과 사별한 여성을 둘째 부인으로 맞게 됩니다. 사업차 다시 임자도로 옮긴 남편은 문준경에게 본가 집과 땅을 넘겼습니다.

구원받고 신학교 입학하다

1927년의 어느 날, 문준경은 집으로 방문한 한 여인의 전도를 받게 됩니다. 예수님의 이야기를 듣고, 왜 믿고 구원받아야 하는지 듣게 된 준경에게 작은 호기심이 일어 날이 어두워질 때까지 대화를 나누었습니다. 그녀는 그다음 주일부터 목포의 북교동 초가교회에 출석해 장석초 전도사의 설교를 들었습니다. 말씀으로 영이 살아나고 삶의 희망을 느끼자, 새벽기도회까지 나가며 믿음이 성장하게 된 그녀는 1년 후인 1928년에 세례를 받고, 집사 직분도 받아 헌신했습니다.

또한 전도의 열정으로 누구보다 뜨거웠던 문준경은 장석초 전도사와 압해도 등지로 전도하러 다니며 구령에 힘쓰다 못해 남편이 물려

준 땅을 일부 팔아 방문하는 가정마
다 필요한 것들을 마련해 주었습니
다. 그녀는 여러 곳에서 섬 사람들
의 영적인 문제는 물론 다양한 심부
름까지 해준 고마운 사람이었습니
다. 심지어 산파 역할과 간호사 역
할까지 했고, 스스로를 '대리 거지'

김응조 목사(왼쪽)와 이성봉 목사
처음에 함께 사역한 장석초 목사와 함께
문준경 전도사에게 가장 많은 영향을 미친
성결교단의 목회자들

라 칭하며 구걸까지 대신했을 정도였습니다.

이후 교회에 새로 부임한 김응조 목사로부터 재림 신앙에 대해 배
운 문준경은 성결교단의 4중 복음(중생, 성결, 신유, 재림)을 깨닫고 더 큰
사명을 꿈꾸게 됩니다. 그때부터 그녀는 지금의 서울신학대학(부천)
인 서울 충정로의 경성성서학원에 입학할 목표를 품고 기도했습니
다. 당시에 남편이 있는 여성은 그곳에 입학할 수 없었지만, 준경의
큰 멘토였던 이성봉 목사의 추천으로 학업을 마칠 수 있었습니다.

문준경 전도사는 1932년에 임자도 진리로 내려와 친인척 다섯 명
과 함께 처음 교회를 개척했고, 지역 곳곳에 기도소를 세워 사람들을
전도했습니다. 문 전도사의 찬송과 말씀 선포는 많은 사람을 감화시
켰고, 여러 섬마을에서 수많은 교회와 성도가 탄생하는 기적의 밑거
름이 되었습니다.

당시 기독교를 서양 귀신이라며 멸시하고 못마땅해하는 주민들도
있었는데, 그들은 나중에 공산당과 함께 핍박의 주역들이 되기도 했

습니다. 그런 상황 속에서 문준경 전도사는 임자진리교회 외에도 증동리교회, 대초리교회, 방축리교회, 우전리교회, 재원교회 등 여러 교회를 설립하며 1936년에 신학교 학업까지 마쳤습니다.

전도를 많이 한 죄로 죽음에 이른 하나님의 참 일꾼

성결교단은 재림 교리를 포기하지 않는다는 이유로 일제로부터 해산 명령까지 받았는데, 광복 이후 교단이 안정을 되찾기도 전인 1950년 6월 25일 일요일 새벽에 북한 공산당이 남침 전쟁을 일으켰습니다. 서울을

1934년, 경성성서학원 재학 시절의 문준경(맨 뒷줄 왼쪽 두 번째)

점령한 북한군이 8월경 전라남도의 섬들까지 진격했을 때, 문준경 전도사의 교회를 못마땅해하던 지역 공산분자들이 북한군과 손잡고 본격적인 핍박을 시작했습니다. 그런데 이런 상황에서도 두려워하지 않고 저항하다가 순교한 성도들이 그 일대에 많았습니다.

공산당에 끌려가 문초를 당하고 풀려나기를 반복하던 문준경 전도사에게도 공산당의 총부리가 겨누어졌습니다. 남편 정 씨와 둘째 부인도 이때 임자도에서 공산당에 희생당했습니다. 아들이 해군사관학교 생도라는 이유였습니다. 공산당은 종교인, 군인, 지식인 등 닥치는 대로 총살하고, 구덩이에 산 채로 묻었습니다. 급기야 9월 말 이

후 국군과 연합군이 반격해 들어온다는 소식에 초조했던 공산 폭도들이 한층 더 사납게 발악하면서 문 전도사를 비롯한 여러 사람을 바닷가 모래밭의 임시 사형장으로 끌고 갔습니다.

즉결 심판을 하듯이 문준경 전도사를 몰아세운 그들은 전도를 많이 했다고 해서 '새끼를 많이 깐 씨암탉'이라는 어처구니없는 죄명을 붙여 조롱하며 짓밟기 시작했습니다. 죽창으로 찌르고, 총으로 때리며 힘없는 여인을 죽음으로 몰아넣었습니다. 문 전도사는 그때도 자신보다 딸처럼 아끼던 백정희 전도사를 살려달라고 애원하며 자기 영혼을 하나님께 온전히 맡겼습니다.

"하나님 아버지, 내 영혼을 받아주옵소서!"

영혼 구원과 이웃 사랑을 남기고 간 사람

섬에서 태어나 섬에서 구원받고, 섬사람들과 살았던 문준경은 그렇게 고통스럽지만, 귀한 이 땅에서의 삶을 마치고 거룩하신 하나님의 품에 안겼습니다. 10월 5일, 새벽 3시경이었습니다.

놀랍게도 공산당들은 백정희를 죽이지는 않았는데, 남아 있는 사람들은 문준경 전도사의 마지막 기도를 들으신 하나님이 그녀를 순교의 증인으로 삼으신 것으로 믿고 감사했습니다. 백 전도사는 문 전도사의 시신을 거두어 10여 명의 성도와 간신히 장례를 치렀습니다.

이듬해 1951년, 교단에서 문 전도사의 회갑 일에 맞춰 증동리교회에서 장례를 다시 치렀습니다. 도시락만 천 개

증동리교회 청년들과 함께한 문준경 전도사
(앞줄 오른쪽 세 번째)

를 준비했을 정도로 많은 이가 모여 추모하며 믿음을 다졌습니다.

문준경 전도사의 열매는 정말 대단했습니다. 신안군 일대가 복음화되고, 우상숭배가 사라졌으며, 700명에 달하는 목회자와 장로가 직간접적으로 그녀의 영향과 사랑 안에서 성장해 한국 교회의 부흥을 담당했습니다.

하나님이 가장 기뻐하시는 영혼 구원과 이웃 사랑을 실천한 문 전도사의 삶은 점점 교회와 주일학교가 사라져가는 이 땅의 농어촌 지역을 생각하면 더욱 귀하고 아름다운 것입니다. 그녀의 목소리가 한국 교회에 더 많은 외침으로 다가가기를 바랍니다.

영광 염산순교기념성지

단일 교회로 가장 많은 순교자를 낸 곳은
전남 영광의 염산장로교회입니다.
신안군으로 들어가는 길에 만날 수 있는
이 교회는 오래전 순교의 흔적들과
기록들을 보존하고 있습니다.

일제강점기인 1939년에 염산면 봉남리에 세워
진 염산교회는 1950년 6·25 때 성도 77명을
공산당이 학살했는데, 희생자들을
죽창으로 찌르거나 물에 빠뜨리는 방법으로
죽였습니다. 잔인한 폭도들은 총알도 아깝다며
머리통만 한 돌을 가슴에 매달아 성도들을
물속으로 던졌다고 합니다.
염산교회는 77명의 성도를 합장한 무덤과 유물들을
교회 마당에 전시하고 있고, 순교 박물관도 개설해 공개하고 있습니다.

영광 야월교회 기독교인순교기념관

염산교회와 함께 인근 염산면 야월리의
야월장로교회에서도 1950년 9월부터
약 두 달 동안 65명의 성도 모두가
공산당으로부터 학살을 당했습니다.
순교자 중에는 임신부도 있었다고 합니다.
5명은 목에 돌을 매단 채로 수장당하고
나머지는 생매장을 당했습니다.
그들은 인근의 큰북재라는 곳에서
자신이 묻힐 땅을 파야 했습니다.
그리고 그곳에서 함께 생매장을 당했는데,
살아 나오려는 사람들은 죽창으로 찔러 죽였다고 합니다.

영광 야월교회는 순교한 희생자들을 기억하고 추모하기 위해
기독교인순교기념관을 따로 운영하고 있습니다.
유진 벨(E. Bell, 1868~1925) 선교사가 1908년에 설립한 야월교회는
염산교회와 함께 많은 기독교인이 경건한 마음으로 순례하는
전남 지역의 기독교 순교 성지로 꼽힙니다.

문준경 관련 유적지

임진각 순례자의교회 문준경영성관

제주와 강화 교동도에도 있는
순례자의교회에 이어 네 번째로 세워진
이곳 파주 임진각 순례자의교회는
문준경영성관으로
특별히 꾸며져 있습니다.
파주 임진각 평화누리공원에서 가까운
이 교회는 문준경 전도사의 남편
정근택 가문의 4대손으로 여러 고증을
취재해 문준경의 역사를 새로 쓰고 있는
정원영 목사가 담당하고 있습니다.
작은 전시관에는 문준경 순교의 역사를
한눈에 알 수 있는 자료들이 정리돼
있는데, 문준경 전도사의 잘못 알려진

결혼사에 대한 내용도 고증 내용과 사진을 제시하면서 상세히 설명하고 있습니다.
기도처인 작은 교회 옆에는 문 전도사의 동상도 세워져 있는데,
그곳을 지키는 사람이 없을 때도 언제든지 누구나 방문해 기도할 수 있으며,
전시관을 관람할 수 있습니다. 주차도 가능합니다.

손양원목사순교기념관

: 전라남도 여수시 율촌면 산돌길 70-62

손양원목사순교기념관은 지역의 지방자치단체가 지원하고 애양원 교회가 맡아 관리하는 공간으로 1993년에 개관했습니다. 이 기념관은 애양원교회와 애양병원 주변인 여수공항 근처에 있습니다. 이곳은 운영의 어려움 가운데서도 비교적 잘 관리되고 있는데, 전시관과 조각상이 있는 작은 공원이 있고, 야트막한 동산에는 손양원 목사 가족묘가 함께 조성되어 있습니다. 기념관 마당에는 손 목사의 감사제목을 형상화한 조각 작품들이 있습니다.

기념관에 조성된
손양원 목사의 가족묘

기념관 내부에는 손양원 목사의 일대기가 그림과 조형물로 설명되고, 그가 사용하던 풍금과 오래된 성경 등이 전시돼 있습니다.

사실 손 목사는 이런 공간을 만들어 자신을 기리는 것에 대해 찬성하지 않을 것입니다. 우리도 그를 우상화하거나 사람을 칭송하는 것이 아니라, 그를 감화시킨 하나님의 은혜를 항상 기억해야 합니다. 우리가 기념할 것은 오직 예수 그리스도라는 생각으로 이곳을 돌아본다면, 우리나라에 놀라운 사랑의 실천자를 허락하신 하나님께 감사하며, 그 숭고한 사랑을 본받는 시간이 될 것입니다.

손양원목사순교기념관 웹페이지

무한 사랑을 실천한
참 목자 손양원 1902~1950

: 원수를 양자 삼은
'사랑의 원자탄'

　손양원 목사는 한국 기독교 역사에서 가장 놀라운 인물 중 하나입니다. 아니, 세계 어디에서도 이런 위인은 찾아보기가 힘들 것입니다.

　그는 공산당들에게 장남과 차남을 잃게 되었지만, 아들들을 죽인 청년을 용서하는 것을 넘어 그를 자신의 양자로 삼을 정도로 사랑했습니다. 그리고 그는 이 모든 일을 열 가지 제목의 감사기도로 드릴 만큼 진정한 아가페의 사랑을 실천한 참된 신앙인이었습니다.

　또한 손양원 목사는 신사참배를 강력히 반대하는 목회자였고, 공산당을 피해 피란을 가다가 교인들을 두고 가는 것이 용납되지 않아 되돌아갔다가 붙잡혀 포로가 되기도 했는데, 포로로 끌려가던 중에도 공산당들에게 복음을 전하다가 그들이 쏜 총에 맞아 사망했습니다. 그는 하나님과 조국을 사랑하고, 자기 양들을 자기 몸처럼 아끼고 돌보는 일에 목숨을 바친 참된 목자였습니다.

• 손양원 목사

두 아들을 한꺼번에 잃다

손양원 목사는 마지막 유복자까지 포함하여 총 4남 2녀를 두었는데, 여순사건 때 두 아들을 잃었습니다. 여순사건이란, 광복 후 한국전쟁 사이인 1948년 10월 19일부터 10월 27일 사이에 전남 여수시에 주둔하던 14연대의 군인 중 남로당 계열의 2천여 명이 제주 4·3 사건 진압 명령을 거부하고 일으킨 무장 반란과, 이를 처리하는 과정에서 많은 민간인이 희생된 사건을 말합니다. 이때 반란군에 의해 약 150명의 민간인이 살해당했고, 정부 측 진압군과 경찰에 의해 2,500여 명의 민간인이 죽었습니다.

당시 반란군이었던 청년 안모 씨는 손양원 목사의 두 아들인 동인과 동신을 죽인 뒤에 체포를 당해 군의 조사를 받게 되었습니다. 손 목사의 장녀인 손동희는 당시 중1이었는데, 아버지의 심부름으로 안 씨와 범인들을 취조하는 군 대위에게 보내졌습니다. 그들은 취조 후에 모두 죽게 될 운명이었습니다.

손동희는 후에 자기 간증집에서 그 과정을 소개합니다. 어쩔 수 없이 아버지의 말씀을 전하기 위해 그곳에 갔지만, 무섭기도 하고 화가 나기도 했답니다.

"죽은 손동인과 손동신이 네 오빠들이냐?"

"네. 그렇습니다."

"그래, 아버지가 뭐라고 하셔서 여기까지 왔니?"

"아버지가 두 오빠를 죽인 자를 잡았거든 매 한 대도 때리지 말고, 죽이지도 말라고 했어요. 성경 말씀에 원수를 사랑하라 했기 때문이래요."

숨도 쉬지 않고 이 말을 전달한 어린 동희는 설명할 수 없는 감정에 참았던 눈물을 쏟으며 책상에 쓰러지듯 엎드려 소리내어 울었습니다. 대위는 물고 있던 담배가 떨어지는 줄도 모르고 손수건으로 눈물을 닦으며, "위대하시다…." 하고 말했습니

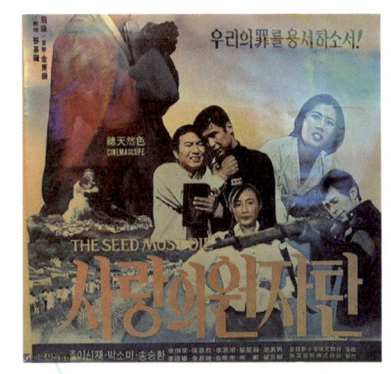

손 목사의 스토리를 영화화한
《사랑의 원자탄》(1977)

다. 포로로 잡힌 범인들과 취조하던 군인들 모두 그 말을 듣고 눈물을 흘렸으며, 살인자인 안 씨도 흐느껴 울기 시작했습니다.

안 씨의 이름은 당시 중1이었던 손동희 권사가 저서에서 가명으로 소개하기도 했는데, 아무리 용서를 받아도 사람들에게는 여전히 살인자라는 선입견을 줄 수 있기 때문이었을 것입니다. 그런데 당시 손양원 목사는 겉으로만 그를 용서한 것이 아니라, 진심으로 그를 아끼고 집회에도 데리고 다니며 신앙을 길러주기 위해 애썼습니다.

남편의 거룩한 길에 묵묵히 동행한 여인

놀라운 신앙의 사람은 손 목사뿐이 아닙니다. 죽은 아들들의 어머니였던 부인이 반대했다면 그가 아들을 둘이나 죽인 살인자를 용서하고 양아들로 삼을 수 있었을까요? 손양원 목사의 장례식 사진에는 상복을 입고 가족들과 함께 손 목사의 시신 앞에 선 안 씨의 모습이 있습니다. 정양순 사모는 순교자의 아내이면서 순교자의 어머니였습니다. 우리는 흔히 손양원 목사에 대해서 놀라워하지만, 아내로서 또 어머니로서 어떻게 그런 결정에 동의할 수 있었는지, 절로 숙연해집니다.

정 사모는 남편과 5살 차이가 나는 1907년에 태어났습니다. 그리고 1924년에 함안에서 손 목사와 결혼식을 올렸는데 불과 17세의 어린 나이였고, 두 아들이 죽던 1948년에는 41세였습니다. 남편을 따라 목회를 함께했던 그녀는 여수 애양원교회의 한센인 공동체에서도 많은 궂은일을 마다하지 않았습니다. 여순사건 이전에도 일제의 신사참배 강요로 남편은 투옥되고, 온 가족이 흩어지는 등 여러 고난을 겪었습니다.

그녀가 아무리 남편의 뜻을 따라 원수를 용서했다고 하지만, 막상 양아들로 삼은 안 씨를 처음 만나던 날에는 쉽사리 마음이 열리지 않았을

손양원 목사의 장례식

173

것입니다. 집에서 빨래를 하다가
그가 찾아왔다는 소식을 들은 그
녀는 차마 오금이 펴지지 않아 일
어설 수가 없었다고 전해집니다.
그래도 오롯이 남편의 뜻을 따랐
던 그녀였습니다.

맏아들 동인과 손양원 목사 부부

　그러고도 고난은 끝나지 않았
고, 남편 손 목사까지 몇 년 뒤 순교하자 남은 아이들과 삶을 꾸려가
던 정 사모는 교단의 분열 속에서도 개척교회를 돕는 일에 헌신했습
니다. 그녀는 마지막까지도 밀양의 한센인 교회를 건립하기 위해 모
금을 하고 있었는데, 1977년에 그녀가 사망한 후에 수의를 입히려고
보니, 교회 건립 모금을 위한 전대를 그녀의 몸에 차고 있었답니다.

　사랑의 목자 옆에는 사랑으로 돕는 배필이 있었습니다. 목회자가 아
무리 목양을 잘해도 사모가 역할을 잘하지 않는다면 그 교회는 바로
세워지기가 어렵습니다. 손양원 목사가 지금까지도 존경받는 참 목자
로 기억되는 것은 남편 못지않은 사랑과 용서를 함께 실천한 또 다른
주의 종, 정양순 사모가 있었음을 한국 교회가 기억했으면 합니다.

공산당의 총에 쓰러진 마지막 길

　흔히 '애양원교회'라고 부르는 손양원 목사의 교회는 애양원과 함
께 시무하던 신풍 지역의 신풍교회입니다. 1950년, 6·25 전쟁이 발

발하고 애양원에 또다시 공산군이 쳐들어온다는 소식을 들은 손 목사는 사람들의 권고로 여수항에서 피난선에 오른 적이 있습니다. 그러나 그는 사랑하는 애양원과 신풍교회 교우들을 버려두고 혼자 도망갈 수는 없다면서 배에서 내렸습니다. 그리고 다시 애양원으로 돌아가 교인들과 함께 기도회를 가졌습니다.

하지만 기도 중 손양원 목사는 공산당에게 잡혀 옥에 갇히고 말았고, 일제강점기 때의 감옥보다 더욱 처참한 상황을 맞았다고 합니다. 손 목사의 최후는 그해 9월 18일에 감옥에서 끌려 나와 맨발로 40리 길을 포로로 걸어가게 된 날이었습니다. 그 길에서도 손양원 목사는 자신을 인솔하는 공산군에게까지 계속 전도를 했습니다. 그러나 공산군이 그의 말을 들을 리가 없었습니다. 공산 폭도들은 세 발의 총알을 손 목사를 향해 쏘았고, 총탄은 그의 입과 어깨와 손가락을 관통했습니다. 손양원 목사는 피투성이가 되어 이 땅에서 그렇게 최후를 맞았습니다.

그의 숭고한 삶은 모두에게 귀감이 됩니다. 사랑은 말로 하는 것이 아니라, 몸으로 실천하는 것이라는 사실을 보여준 손양원 목사의 이야기는 언제나 커다란 울림으로 한국 교회 성도들을

애양원 신풍교회 앞에서의 손양원 목사

깨웁니다. 자기가 속한 교회 성도 또는 심지어 가족들조차 사랑하지 못하는 이 시대에, 참된 사랑에 대해 돌아보게 하는 귀한 순교자가 바로 손양원입니다.

　희생된 아들들의 영결식 때 드린 손양원 목사의 감사 기도는 많은 사람을 감동시켰습니다. 아들들이 깨끗하게 순교하게 된 것, 그의 가문에도 그토록 훌륭한 순교자가 둘이나 나온 것, 또 아들들이 비굴하게 살려달라고 빌다가 죽지 않고 전도하다가  쓰러진 것, 그들이 미국 대신 천국에 갔으니 얼마나 좋은지, 그리고 두 아들을 죽인 사람을 회개시켜 아들 삼고 싶은 마음을 하나님이 주신 것 등등이 그 내용이었습니다.

　이런 놀라운 사랑의 이야기가 1945년에 일본의 히로시마에 투하되면서 민족의 광복을 가져왔기에, 원자폭탄과 같은 위력이 있다고 해서 손양원 목사를 '사랑의 원자탄'이라고 부르게 되었던 것입니다. 민족의 아픈 역사 속에서도 굳건히 믿음을 지키고, 그 혼란 중에도 하나님만을 바라본 위대한 하나님의 종, 손양원 목사의 참사랑은 언제까지나 우리 기독교인의 마음에 남아 큰 울림을 줄 것입니다.

순천 기독교역사박물관과 매산등 성지순례길

여수와 순천은 매우 가까워서 애양원교회에 방문했다면 순천의 기독교박물관도
둘러보아야 할 필수 코스입니다. 여수 순천 지역에서 얼마나 많은 외국인 선교사가
사역을 했는지는 한국 기독교인들이 잘 알지 못하는데, 이 매산등 거리를 찾아가 보면
놀랄 만큼 많은 역사적 흔적이 존재함을 알게 될 것입니다.
하나님이 이 한반도 구석구석에 참으로 많은 선교의 일꾼을 보내셔서 이 나라를
이만큼 일으키신 것을 생각하면 감사가 절로 나오고, 마음이 숙연해지기도 합니다.
기독교역사박물관은 순천시의 지원으로 잘 관리되고 있는데
친절한 해설사의 안내를 받을 수도 있으며, 안내 책자와 자료들도 제공받을 수 있습니다.
박물관 1층과 지하에는 많은 책자와 영상자료, 그리고 오래전 선교사들이 사용하던
물건과 비슷한 소품들을 기증받아 전시하고 있어서 1950년대 세탁기 등을
여러 사진자료와 함께 감상할 수 있으며, 인근의 선교와 부흥 운동이 일어난 과정을
알 수 있습니다. 또한 남녀가 다른 입구로 들어가 서로 보이지 않도록 예배하는

'기역자(ㄱ) 교회'의 모형도 만들어져 있습니다.
기독교박물관을 포함하는 매산등
성지순례길은 주거, 의료, 교육, 교회,
묵상의 숲 등 5개의 구역으로 나뉘는데
각각 20~30분이 소요되지만
충분히 보려면 더 많은 시간이 필요합니다.

매산등은 이 지역의 옛 이름인데, 1913년에 미국 남장로교 순천선교부가 난봉산 자락에 교회와 학교, 병원, 선교사 주택 등을 세우면서 형성한 마을로 1986년까지 80여 명의 외국인 선교사가 사역한 공간입니다. 성지순례길은 여순사건의 현장이나 손양원 목사의 장녀 손동희 권사가 다녔던 매산중학교의 매산관 등도 포함합니다. 오늘날 순천은 순천만 습지와 국가정원으로 관광 도시로서의 위상을 높이고 있는데, 어쩌면 기독교인들에게는 이 유적지들이 그보다 더 소중한 숨은 보석과도 같은 곳이 아닌가 싶습니다. 우리나라와 이런 도시들이 지금처럼 평화를 누리며 살아가는 것도 다 하나님 은혜가 아닌가 하는 생각이 절로 들게 만드는 귀중한 공간입니다. 이곳에서 제공한 책자에 있는 소설인 〈양화진 선교사〉에 실린 외국인의 시 한 대목이 마음에 남습니다.

"지금은 우리가 황무지 위에 맨손으로 서 있는 것 같사오나,
지금은 우리가 서양 귀신, 양귀자라 손가락질받고 있사오나,
저들이 우리의 영혼과 하나인 것을 깨닫고
하늘나라의 한 백성, 한 자녀임을 알고
눈물로 기뻐할 날이 있음을 믿습니다."

그들의 기도처럼 우리도 이제 먼 곳으로 선교사를 보내는 나라가 된 지금, 매산등 유적지는 푸른 눈을 지닌 채 한국식으로 이름을 바꾸고, 지역을 누비며 복음을 위해 헌신한 선교사들의 숨결이 구석구석에서 느껴지는 공간입니다.

손양원 관련 유적지

여수 애양원역사박물관

손양원목사순교기념관 근처에는 애양원교회가 옛 모습 거의 그대로 자리 잡고 있습니다. 일제가 운영한 소록도병원을 제외하고는 한국 최초의 한센인 치료 시설이었던 애양병원은 현재 인근으로 위치를 옮겨 요양병원으로 운영되고 있는데, 현재 교회 옆의 옛 애양병원은 역사관으로 공개 중입니다.

이곳은 1911년에 외국 선교사들이 세운 광주 나병원의 후신으로
1926년에 여수로 이전했습니다.

손양원 목사는 1938년부터 이 애양원교회와 애양병원에서 순교할 때까지 시무했습니다.

지금 있는 애양원역사박물관은 1999년에 신축한 것인데, 한센인 관련 전시물이
너무 많아 근처로 이전한 애양병원 내에 한센인 기념관을 따로 개관했습니다(2015).

애양원역사박물관에는 한센병 치료용 인공관절이나 다양한 형태로 발전한
의수와 의족들, 수술대, 그리고 당시 한센인들의 사진이 전시돼 있습니다.

많은 의료기구와 갖가지 치료 시설이 마치 타임머신을 타고 간 듯
생생해서 옛 한센인들의 눈물과 애환이 느껴집니다.

참고로 지금은 한센병에 걸리는 사람이 없습니다. 신생아 때 받는
의무접종만으로도 모두 예방이 되기 때문인데, 설령 걸렸다 해도
치유될 수 없는 천형이 결코 아니며, 전염되는 질병도 아닙니다.

꼭…..
기억할게요

함안 애국지사산돌손양원기념관

여수·순천 일대는 손양원 목사의
대표적인 사역지인데, 경남 함안은 그가
태어난 고향입니다. 함안에는 이 지역을
빛낸 역사적 인물인 손양원을 기리는
애국지사산돌손양원기념관이 있습니다.

손 목사가 태어난 생가터 주변 부지를 활용한 공간입니다. 이곳에는 복원한 생가가
재현돼 있고, 전시장과 기록보관실, 영상실 등이 지상 1, 2층으로 마련돼 있습니다.

또한 손양원 목사의 일대기와 함께 함안 지역의 독립운동사도 소개하고 있습니다.

함안 기념관은 경상남도지만, 여수·순천에서 자동차로 약 1시간 반 거리에 있습니다.

부산·경남

우리가 환난 중에도 즐거워하나니 이는 환난은 인내를,
인내는 연단을, 연단은 소망을 이루는 줄 앎이로다 (롬 5:3-4)

부산광역시 동구 장기려기념관

경상남도 창원시 주기철목사기념관

부산·경남 볼거리

해운대, 광안리 해변 / 태종대 유원지 / 흰여울 문화마을 / 보수동 헌책방 거리 / 자갈치시장
부평동 깡통시장 / 죽동마을 메타세콰이어길 / 마산 지혜의바다 도서관 / 마산 해양드라마 세트장
마산 로봇랜드 등

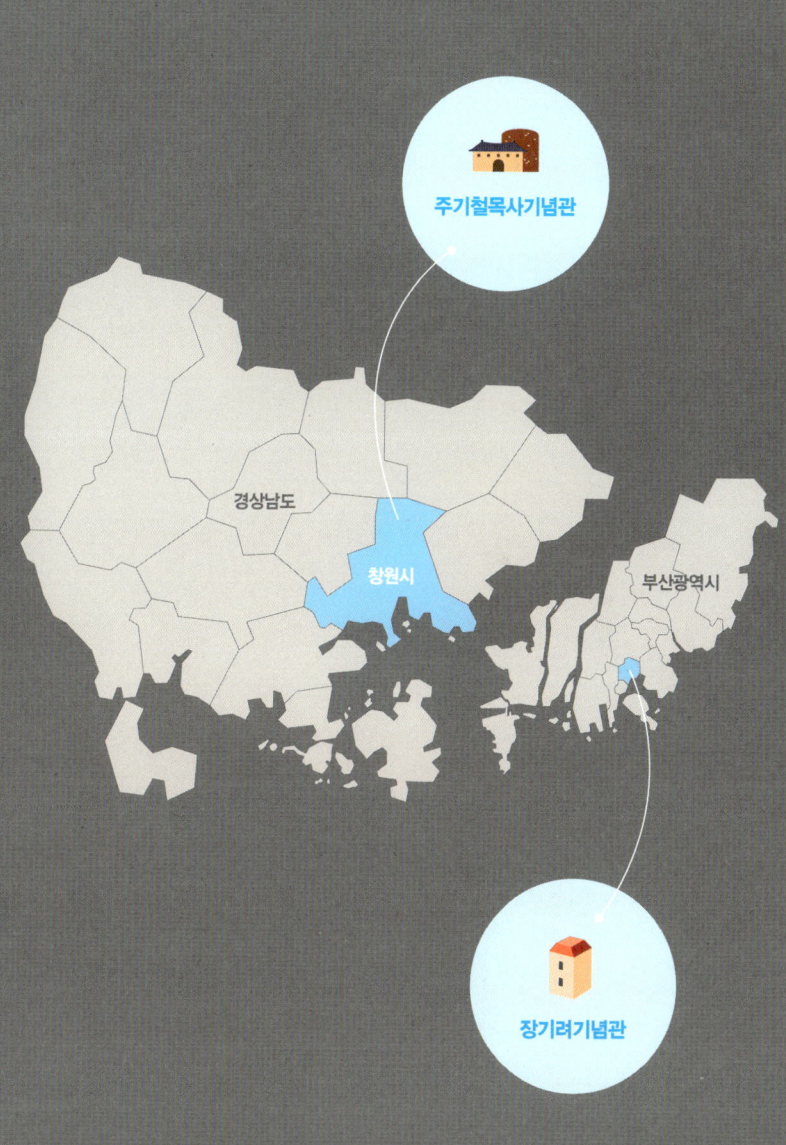

주기철목사기념관

경상남도

창원시

부산광역시

장기려기념관

장기려기념관

: 부산 동구 영초윗길 48

부산 동구에 있는 장기려기념관(더 나눔센터)은 장기려 박사의 업적과 삶을 돌아볼 수 있는 공간입니다. 기념관을 찾아가는 가파른 언덕길에서는 탁 트인 부산 시가지와 바다를 한눈에 볼 수도 있습니다.

기념관에 가면 문화해설사 어르신의 친절한 설명도 들을 수 있는데, 15분가량 장기려의 일대기를 소개하는 다큐멘터리 동영상을 현장에서 제공하기도 합니다. 기독교 관련 내용은 아니지만, 장기려 박사의 의술과 인생을 통해 장 박사의 의술이 얼마나 자연친화적이고 탁월한 것이었는지 알 수 있으며, 그의 애절한 가족사도 생생하게 느낄 수 있습니다.

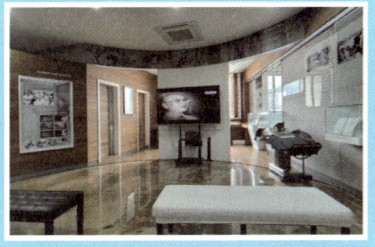

전시관에는 장기려 박사에 관한 책들과 그의 삶을 정리한 전시물들이 있고, 작은 포토존도 마련돼 있습니다. 또한 장 박사가 생전에 사용했던 청진기와 의사 가운, 수술대 등도 그대로 전시돼 있습니다. 사실 장기려 박사의 놀라운 업적을 고려하면 다소 아쉬운 규모입니다. 그런데 장 박사 본인도 화려한 외형보다는 소박하고 겸손한 성도이자 의사로 기억되기를 바라지 않았을까 하는 생각이 드는 정겨운 공간입니다.

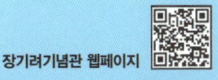
장기려기념관 웹페이지

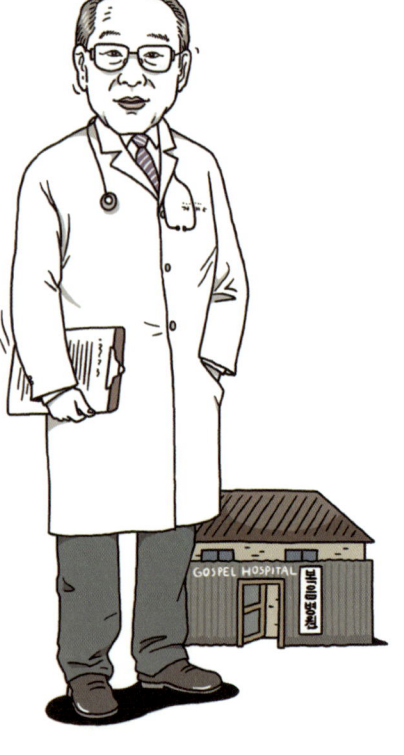

장기려

'바보 의사'라 불린 사람
장기려 1911-1995

: 가난한 이웃을 내 몸처럼
사랑한 진짜 의사

성산 장기려는 별명이 '바보 의사'일
정도로 헌신적인 삶을 살았던 참다운
의사였습니다. 장 박사는 평안북도에
서 태어나 경성의학전문학교를 졸업
했고, 1940년부터 평양연합기독병원(기홀병원)의 원장으로 일했습니
다. 1943년에 32살의 나이로 국내 최초 간암 설상절제수술에 성공했
을 만큼 유능한 의사였던 그는 김일성대학 의대 교수였는데, 김일성
이 자신의 진료를 그에게 맡기고 싶어 했을 정도의 실력자였습니다.

북한 정권은 그를 공산당에 가담하게 하려고 압박했지만, 하나님
과 종교를 부정하는 공산당에 동조할 수 없었던 장기려 박사는 단호
하게 제안을 거절했습니다. 남한으로 온 뒤에도 북한이 그를 납치하
려고 계획했던 사실이 드러나기도 했지요. 일제강점기에는 국내 교

단이 대대적으로 신사 참배를 허용하자 교회를
나와 가정에서 예배하기도 했습니다.

성산 장기려

장기려 박사는 부인 김봉숙 여사와 결혼해 슬
하에 3남 2녀를 두었는데, 6·25 때 차남만을 데
리고 먼저 피신한 후에 가족과 합치려고 했지만,
중공군에 밀려 후퇴하면서 죽을 때까지 아내와
다른 가족들을 만나지 못한 채 세상을 떠났습니다.

한국의 슈바이처로 불린 명의

장기려는 경성의전을 수석 졸업한 천재이자 민족주의자였으며 공
산군에 끌려가 숙청당한 백인제 박사의 수제자였습니다. '인제대학
백병원'은 바로 백인제 박사의 이름에서 유래한 것입니다.

1950년에 차남과 부산으로 피신했던 장기려 박사는 이듬해에 복음
병원 복음진료소를 설립했고, 전쟁으로 다친 많은 사람과 행려병자
들을 진료하며 하나님 사랑을 실천했습니다. 그는 전쟁 때 1시간 간
격으로 49회나 연속 수술을 한 기록까지 있을 정도로 헌신적이었습
니다. 장 박사는 구걸하는 걸인에게 적선을 하려다가 잔돈이 없으면
수표를 내어주기도 했습니다. 그가 머물고 있던 복음병원 옥탑방에
몰래 들어와 비싼 의학서적을 훔치려던 생계형 절도범과 마주치자,
"그거 가져가 봐야 도움도 안 될 텐데." 하며 돈을 쥐어주고, 오히려
격려해서 보낸 것도 모자라 나중에는 복음병원의 일자리까지 주었던

일화가 남아 있습니다.

그뿐 아니라 장기려 박사는 치료비가 없는 사람들에게는 오히려 돈을 보태주고, 병원 뒷문을 몰래 열어주어 병원 원무과 직원들을 종종 난감하게 했던 이웃사랑의 실천자였습니다.

막사이사이상을 비롯한 많은 상과 각종 훈장을 받았던 그는 최상의 실력에도 늘 겸손했던 의사였습니다. 또한 다른 의사들에게는 물론 많은 기독교인의 귀감이 되는 시민이자 신앙인이었습니다.

'의사도 못 보고 죽는 사람도 있는데, 나만 잘 먹고 잘 살면 되나.'

일찍이 이런 생각으로 늘 타인을 돌아본 장기려 박사는 삶이 열악했던 시대에, 의료 혜택을 받을 수 없는 지역인 무의촌을 없애는 일에 늘 앞장섰습니다.

국민건강보험의 시초, 청십자의료보험조합

장기려는 1956년에 만든 '부산모임'이라는 성경공부 모임을 통해 많은 신앙적 글을 발표할 정도로 성경을 가까이했습니다. 그때 함께 모이던 사람들은 김서민, 조광제, 채규철 등이었는데, 그중 덴마크로 유학을 다녀온 채규철은 자기 경험담을 모임에서 공유합니다.

"제가 덴마크에 있을 때 지독한 감기 몸살로 병원에 갔었습니다. 며칠을 입원하게 되었죠. 그런데 시간이 지날

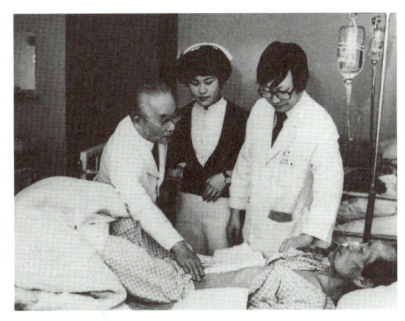

진로 중인 장기려 박사

수록 몸이 아픈 것보다도 입원비가 많이 나올까 걱정이 돼서 마음이 영 편치 않았어요. 몸은 편한데 마음은 가시방석이라 빨리 퇴원하고 싶다는 생각뿐이었습니다."

채규철은 일단 돈이 별로 없다고 사정이라도 해봐야겠다는 생각으로 퇴원 수속을 밟고 있었는데, 어쩐 일인지 병원 직원은 퇴원을 축하한다면서 인사만 건네는 것이었습니다.

"저기 … 병원비는 얼마나…?"

"네? 퇴원 수속 끝났으니 가시면 됩니다."

"아니, 그게 무슨 말씀이신지…."

"몰랐군요. 우리 덴마크는 병원비가 없어요. 평소 세금을 모아 두었다가 누구든지 아픈 사람은 무료로 치료를 받게 한답니다."

이때 채규철은 큰 충격을 받았다고 합니다. 이 이야기를 들은 장기려 박사는 바로 이런 것이 자신이 오래 꿈꾸던 제도라고 했는데요. 그저 부러워만 할 것이 아니라, 우리도 한번 시작해 보면 어떻겠느냐

는 의견을 내놓았고, 사회에 유익이 되는 이 사업을 함께 해보자며 다 함께 의기투합했습니다.

그렇게 이들은 1968년에 청십자의료보험조합을 만드는데, 이것이 현재 대한민국 의료 서비스를 세계 최고로 만들어 준 국민건강보험의 시초가 되었습니다. 코로나19로 온 세상이 고통받을 때도 우리나라에서는 가장 적은 사망자가 나왔으며, 치료비가 없어서 선진국 국민들조차 수없이 죽어갈 때도 거의 무료로 진료 서비스와 백신을 제공할 수 있었습니다. 코로나 당시 미국에서 무보험자는 검사 비용이 400만 원, 완치까지 드는 비용은 약 5,200만 원 수준이었기 때문에 치료를 포기하는 사람이 속출해 사망자가 크게 늘었던 것입니다.

장기려 박사와 함께한 사람들은 1929년경 미국에서 대공황 때 파산한 실업자들을 대상으로 시행한 블루크로스 민간의료보험에서 착안해 청십자라는 이름을 붙였습니다. 1960년대부터 논의가 되었던 국민건강보험은 공무원, 교원, 대기업 등으로 흩어져 있었는데, 2000년에 모두 통합해 국민건강보험으로 탄생했습니다. 한 사람의 애민정신이, 그리고 멋진 상상력이 모두를 안전하고 행복하게 만드는 선한 영향력으로 나타났던 것입니다.

청십자의료보험조합을 발족하며

가족과의 생이별, 평생의 그리움

의학박사가 되기 직전의 청년 장기려는 친구의 소개로 교회에서 반주를 하던 김봉숙을 알게 됐고, 약혼 후 1932년에 새문안교회에서 결혼식을 올렸습니다.

1950년, 6·25 전쟁이 터지고, 미군과 유엔군과 합세한 국군이 평양까지 점령한 적이 있었습니다. 장기려 박사는 공산군을 피해 가족들을 다른 지역에 숨겼다가 나중에는 함께 산속 동굴로 피신했었는데, 며칠 후 돌아가 보니 평양의 기흘병원이 국군의 야전병원이 되어 있었습니다. 거기서 대학 후배를 만난 장 박사는 그곳에 한 달쯤 머물며 치료를 했습니다.

그러다가 중공군이 인해전술로 밀려들었고, 전세는 금세 역전되었습니다. 장기려 박사는 국군에 협조한 일로 공산당으로부터 가족과 자신이 위험해질 것을 염려해 남한으로 피신하기로 했습니다. 영하 40도에 가까운 추위의 그해 12월, 그의 아내는 대동강 철교를 건너기 위해 먼저 출발했고, 그는 차남 기용과 함께 국군이 제공한 병원 구급차를 타고 부모님을 모시러 갔지만, 부모님은 아들의 가족을 걱정해 그대로 남겠다고 했습니다.

하지만 장기려 박사의 아내와 다른 자녀들은 중공군에 막혀 대동강을 건너지 못했고, 장 박사와 차남은 160km를 걸어 개성으로, 그곳에서 석탄을 나르는 무개화차를 타고 금촌역까지 왔다가 다시 걸어서 서울로 가게 됩니다.

그때만 해도 장 박사는 다시 가족들을 데리러 갈 생각이었지만, 다음 달인 1월 4일에 1·4 후퇴로 남한 정부가 서울을 포기하면서 부산만 남긴 채 모두 점령당하고 말았습니다. 그 길로 그는 가족들과 영영 헤어졌고, 긴 세월을 조국 통일을 위해 기도하며 환자들을 치료하는 일에 전념했습니다.

장기려 박사 부부는 다시 만날 것을 고대하며 두 사람 모두 따로 결혼하지 않았습니다. 과거에는 추첨을 통한 이산가족 상봉 기회가 더러 있었는데, 장 박사는 국가의 주선으로 만남의 기회를 가질 수

김봉숙 여사의 젊은 시절과 노년의 모습

있었으나, 모두가 아픈 사연인데 자신만 특권을 누릴 수는 없다면서 거절하기도 했습니다. 결국 그들은 다시 만날 수는 없었지만, 장기려 박사는 1991년에 어렵게 아내와 자녀들의 편지, 그리고 목소리가 녹음된 귀중한 테이프를 받아 볼 수 있었습니다. 그는 몇 년 뒤인 1995년에 세상을 떠났고, 북한에 살던 그의 부인도 2004년에 사망했습니다. 믿음을 지녔던 두 사람은 하나님 나라에서, 50여 년 만에 기쁨으로 재회했겠죠?

부산 동래구 한국기독교선교박물관

부산의 동래중앙교회 비전센터에 있는
한국기독교선교박물관은 4개의 전시관(한
국관, 세계관, 지역역사관, 한국 민속관)으로 구성
되어 있습니다.

이곳에서 초기 기독교 선교사들의 소품과
선교 유물, 국내 민속자료, 그리고 각종 희

귀 사진과 자료 등 6천여 점의 귀중한 유물을 볼 수 있습니다.

불에 탄 흔적이 남은 1890년대의 『천로역정』 번역본, 언더우드 선교사의 설교를 모은
『원두우 강도취집』, 장로교 역사를 정리한 『조선야소교 장로교교세』 등의 자료가
보존된 이곳은, 역사를 통해 과거를 돌아보며 다음 세대에 소망을 전하기 위해
동래중앙교회가 마련했습니다.

장기려 관련 유적지

부산 서구 고신대학교 복음병원

고신대학교 복음병원은 장기려 박사의 근무지이자 거처이기도 했던 공간입니다.
그가 살던 옥탑방은 아직도 그대로 보존돼 있어서 원하는 경우 방문할 수도 있습니다.
사회 지도층인 의사였고, 게다가 병원장이면서도 작은 옥탑방에 거주하면서
검소함을 유지했던 장기려 박사는 치료하고 약을 처방할 때도 절제하며
과잉 진료를 하지 않았던 (몸과 마음의) 진정한 미니멀리스트였습니다.

실력과 인성에서 모두 존경받을 만한
지식인이 점점 사라져가는 이 세상에
남긴 그의 흔적은 많은 사람에게
귀감이 될 것입니다.

노블리스
오블리제

진짜
의사!

주기철목사기념관

: 경상남도 창원시 진해구 남문동 841

분들은 결단코 신사참배에 굴복하지 않았습니다.
그 대가는 혹독하고 잔인했습니다. 그래도 주기
철 목사는 굽히지 않았고, 감옥에서 죽음을 맞이
하기까지 하나님을 부인하지 않았습니다.

주기철 목사

오산학교와 평양신학교 시절

주기철 목사는 1897년에 경남 창원시 웅천(진해)에서 태어났습니다.
유년시절을 지나 남강 이승훈 선생이 설립한 평양 오산학교에서 교
육을 받은 그는 그곳에서 독립운동가이면서 큰 사업가였던 남강 선
생의 헌신적인 교육과 민족정신에서 큰 깨달음을 얻었고, 남강이 투
옥되면서 부임한 고당 조만식 선생의 가르침도 새겼습니다. 남강 선
생은 그의 평생 스승이었습니다. 학창시절의 주기철은 모든 과목에
서 늘 최고의 성적을 내는 학생이었는데, 단지 몸은 좀 허약한 편이
었다고 합니다.

오산학교에서 제대로 된 신앙을 갖게 된 주기철은 졸업하던 1915년
경 세례를 받았습니다. 그 뒤로 연희전문학교 상과에 입학했지만, 안
질환이 너무 심해 책을 볼 수 없을 정도라 학업을 포기하고 맙니다.
1917년에는 정신여학교 출신으로 세 살 차이가 나는 안갑수와 결혼
했습니다.

주기철은 1919년에 마산에서 열린 김익두 목사의 부흥집회에 참석
하는데, 3·1 운동 때 옥에 갇혔다가 두 달 만에 풀려난 상태였습니

다. 이 집회에서 주기철은 자기 죄를 깊이 돌아보며 눈의 치유를 체험합니다. 이때 목회자가 되기로 한 그는 1921년부터 평양신학교에 입학해 1926년에 졸업했습니다. 그리고 신학교 교수로 활동하면서 처음 위임목사로 부임한 곳이 부산의 초량교회였습니다. 이곳에서 그는 단호한 신사참배 거절안을 경남 노회에 제출하고 교계에 경종을 울렸습니다.

1931년부터는 마산 문창교회로 부임해 6년간 시무했습니다. 이 시기에 4형제를 남겨 두고 안갑수 사모가 먼저 세상을 떠났습니다. 그리고 죽을 때까지 동반자로 함께

마산 문창교회 시절의
주기철 목사(앞줄 오른쪽 세 번째)

한 오정모 사모와 1935년에 재혼을 하게 됩니다. 오정모 사모는 마산 의신여학교 교사였습니다.

일제의 탄압과 교계를 향한 절규

주기철 목사는 1936년부터는 평양 산정현교회 담임으로 사역을 시작합니다. 신사참배에 대해 뜻을 굽히지 않는 그는 언제나 일제의 골칫거리였습니다. 일제는 1938년 9월에 열리는 조선 예수교장로회 총회에서 신사참배 찬성 결의가 이루어질 수 있게 하려고 반대자인 주기철 목사를 예비 구속했다가 신사참배가 가결되자 석방시켰습니다.

거의 모든 교단이 '신사참배는 종교가 아니라 국가의식'이라면서 찬성을 결의한 것을 보면서 주기철 목사는 한탄했습니다. 그는 설교 중에 "왜 목사들은 이 사악한 시대에 맞서 싸우지 않는가!"라고 절규하다가 일본 경찰에 의해 강제로 끌어내려지기도 했습니다.

하나님은 조롱당하지 않으십니다. 사람이 어떤 말로 우상숭배와 타협해도 하나님을 속일 수는 없습니다. 그리고 하나님은 반드시 공의로 심판하십니다.

1939년 7월에 일제가 획책한 경북 의성 농우회 사건에 연루되어 7개월간 구금되었던 주기철 목사는 다시 산정현교회로 돌아와 '나의 다섯 가지 기원'이라는 제목으로 유언과도 같은 설교를 마쳤고, 성도들은 비장한 마음으로 찬송가 〈내 주는 강한 성이요〉를 불렀습니다.

일제의 위협 속에서도 굴하지 않고 강단을 지키던 주기철 목사는 그해 9월에 네 번째로 구속되었고, 12월 19일에 평양 임시노회는 그를 목사직에서 파면하기로 결의했습니다. 이듬해 3월에는 평양 산정현교회가 폐쇄당하고 그의 가족들은 목사관 사택에서 추방되고 말았습니다. 그의 죄목은 황실불경죄, 치안유지법 위반 등이었습니다.

일본인에게는 천황이 신이었기에 기독교의 하나님

• 평양 산정현교회의 옛 모습

을 유일신으로 믿는 주기철 목사를 이해하지 못했습니다. 주 목사를 구속한 담당 경찰은 이런 질문을 하기도 했습니다.

"예수를 안 믿으면 천황 폐하께서도 지옥에 간다는 것인가?"

"하나님 앞에서 만민이 평등하오. 천황이라도 예수님을 믿지 않으면 지옥에 갑니다."

너무나 당연한 답이었지만, 일본인 경찰은 소스라치게 놀라 외마디 신음을 내뱉을 정도였다고 합니다.

일제의 고문과 눈물의 항거

그러다 보니 주기철 목사를 향한 일본인들의 미움은 하늘을 찌를 듯했습니다. 일제의 탄압과 주기철 목사의 항거는 〈저 높은 곳을 향하여〉(1977)라는 영화로도 만들어졌을 정도입니다. 너무나 고통스러웠으나, 그는 굴하지 않고 오직 주님을 향한 한마음으로 이겨냈습니다. 일본인들은 촘촘하게 거꾸로 박힌 못판 위를 걷게 하고, 독립투사들에게 행하던 전기 고문을 그에게 했으며, 그를 거꾸로 매달고 고춧가루 탄 물을 코에 부어 배가 잔뜩 부풀어 오르면 의자로 짓눌렀습니다. 고춧가루가 폐로 들어가면 평생 기침을 하게 되는데, 허약해진 몸에 극심한 고문을 당하던 주기철 목사였지만, 끝까지 우상인 일본 천황에게 고개를 숙이지 않았습니다. 심지어 손발톱이 다 빠지고 하루에도 여러 번 혼절하기도 했으나, 하나님을 배반하지 않았습니다.

여느 목회자들의 외면 속에 외롭게 싸우던 주기철 목사의 몸은 만신창이가 되었고, 점점 죽음의 그림자가 드리웠습니다. 그러나 그가 그때까지 버틸 수 있었던 것은 혼자가 아니었기 때문이었습니다. 산정현교회 성도들은 한마음으로 기도하며 부르짖었고, 무엇

신사참배하는 교회 대표들
주기철 목사가 외롭게 싸우는 동안에도 교계 대표들은 일본의 신사참배 강요에 굴복했다. 사진은 한 교단의 신사참배 모습을 보도한 신문 사진

보다 옥바라지를 하며 남편을 돌본 오정모 사모가 간절한 기도와 굳은 의지로 함께했습니다.

오 사모는 주 목사의 순교 직전, 평양형무소에서 잠시 남편을 면회했습니다. 간수의 등에 겨우 업혀 나올 만큼 쇠약해진 주기철 목사에게 오정모 사모는 남편의 의지가 약해지지 않도록 늘 격려했습니다. 아내의 마음이 얼마나 아팠을까요. 하지만 남편이 무너지면 성도들은 물론 한국 교회가 모두 물러서는 비극이 벌어지는 것이기에 목숨을 걸고라도 하나님을 향한 믿음을 지키기를 바랐던 것입니다. 오 사모는 남편이 옥고를 치르는 7년 동안 수없이 금식기도를 하면서, 단한 번도 따뜻한 방에서 잠을 자지 않았다고 합니다.

죽음도 막아설 수 없었던 최후 승리

마지막 면회에서 주기철 목사는 아내에게 말했습니다.

"내 살아서는 이 붉은 벽돌문 밖을 나가리라 기대하지 않소. 나를 위해 기도해 주시오. 나는 오래지 않아 주님께로 갑니다. 어머니와

어린 자식들을 부탁합니다. 하나님 나라에 가서 우리 산정현교회와 조선의 모든 교회를 위해 기도하겠소."

그러면서 앞으로 더 큰 어려움이 다가올 한국 교회의 장래를 걱정하고, 산정현교회 식구들이 보고 싶다면서 양 떼를 잘 먹일 목회자를 걱정했습니다.

그로부터 다섯 시간 후인 1944년 4월 21일 금요일 밤 9시 반, 주기철 목사는 남은 모든 힘을 모아 마지막으로 부르짖었습니다.

"내 여호와 하나님이시여! 나를 붙드시옵소서!"

그렇게 그는 모든 고생을 마치고 47세로 하나님 품에 안겼습니다.

밤새 금식하며 온 식구가 기도한 다음날, 오정모 사모는 형무소를 찾아가 대뜸 "주 목사 시신을 찾으러 왔습니다." 하고 말했고, 간수는 깜짝 놀라며 어떻

주기철 목사와 오정모 사모

게 알았느냐고 물었습니다. 주 목사는 옥에서 단순히 병사한 것이 아니고, 감옥에서 의문의 주사로 타살당했다는 사실이 뒤늦게 밝혀졌습니다.

주기철 목사가 없었다면, 비록 소수였지만 그와 같이 신앙의 절개를 지킨 목회자들과 신앙인들이 없었다면, 일제강점기를 지나온 교계에 어떤 간증이 남았겠습니까? 우리에게는 어떤 신앙의 유산이 남았을까요?

그의 용기는 단지 한 사람의 신앙이나 고집이 아니었던 것입니다. 주기철 목사는 한 알의 밀알처럼 죽어 한국 교회는 부흥의 큰 열매를 맺었습니다. 만일 우리가 과거를 회개하지 않고, 우상을 멀리한 주기철의 올곧은 신앙까지를 유산으로 물려받지 못한다면, 그 끝은 결코 아름답지 못할 것입니다. 우리 모두 주기철 목사의 신앙을 본받아 각자의 신앙을 돌아보기를 원합니다.

마산 경남선교120주년기념관

2009년부터 '경남 선교의 뿌리 찾기 운동'을
펼친 경남성시화운동본부는 2010년에 이곳
경남선교120주년기념관을 개관하게
되었습니다. 바로 이 운동을 통해
전국의 성도들이 찾고 있는 창원 주기철순교
기념관과 함안 손양원목사기념관도 건립된 것입니다.
최초의 사업이었던 순직호주선교사묘원은 2009년에 조성되었습니다.
경남선교120주년기념관 내부에는 1천여 점의 물품이 전시되어 있습니다.
외국 선교사들이 직접 촬영한 사진, 그들이 사용했던 성경과 한영사전 등과 함께
다양한 복음의 간증이 있는 물품들을 기증받아 전시하고 있습니다.

부산 초량교회

주기철 목사는 1926년부터 1931년까지
초량교회에 부임해 사역했습니다.
이곳 초량교회 역사관에는 주기철 목사가
사용했던 강대상이 전시되어 있어서
그의 삶을 돌아볼 수 있습니다.
주기철 목사가 순교한 것은 독립운동
차원이 아니라 천황에 대한 숭배를 거부했기 때문입니다.
그는 부산 초량교회에 부임하면서 이전에 진행되던 독립군 지원금을 끊었습니다.
민족의 현실에 눈감은 것이 아니라, 정교분리의 원칙에 따라 교회의 본분은 독립운동이
아니라 조선인이든 일본인이든 영혼을 구원하는 것이라는 생각 때문이었습니다.
초량교회 시절 주기철 목사는 말씀대로 철저하게 원칙을 지켰고
당회와 제직회를 정비했으며, 유치원을 통해 교육에 힘쓰기도 했습니다.
초량교회는 한국기독교역사사적지 3호로 등록돼 있습니다.

마산 문창교회와 진해 웅천교회

1901년에 마산의 첫 교회로 세워진 문창교회는
주기철 목사가 1931년부터 1936년까지 담임한 교회입니다.
주 목사는 문창교회가 내부 문제로 어려움을 겪는다는 소식에
초량교회를 떠나 이곳에 부임했는데, 이때는 이단 세력
척결에 특별히 힘썼다고 합니다.
이후 오산학교 은사인 조만식 선생의 요청에
평양 산정현교회로 부임하게 됩니다.
경상남도 진해의 옛 이름은 웅천입니다.
1906년에 월터 스미스 선교사의 전도를 받은 이들의
가정 모임에서 시작된 웅천교회는 주기철 목사가
다닌 고향 교회인데, 맏형 주기원을 따라 14살인
1910년 성탄절부터 다녔다고 합니다.
웅천교회에는 주기철 목사의 순교 신앙을 알리는
전시관도 마련돼 있습니다.

개척 당시의 웅천교회

의성 주기철목사수난기념관

평양 산정현교회에서 사역하던 주기철 목사는 경상북도 의성까지 끌려가
온갖 고초를 겪었습니다. 일제가 조작한 이 지역 농우회 사건에 연루됐다는
거짓 혐의를 그에게 덮어씌웠기 때문입니다. 이는 유재기 목사가 주도한 농촌운동 단체
인 농우회가 독립운동을 도모한다고 의심하면서 많은 사람을 탄압한 사건입니다.

이 기념관은 일제강점기에 의성경찰서로
사용되던 건물 2개의 동을 리모델링하고
3층 건물을 신축한 것으로, 주 목사의 일생과
항일 활동을 소개하고 있습니다.

한국인 1호 선교사
이기풍 목사와 제주 선교

　장로교단이 맨 처음 제주도 선교사로 파송한 내국인 1호가 이기풍 목사(1865-1942)였습니다. 제주에 기독교인이 아주 없는 상황은 아니었지만, 교회를 세운 것은 이기풍 목사가 처음이었습니다.

　1868년에 평양에서 태어난 이기풍은 어지러운 세상에 많은 불만을 품은 폭력배였다고 합니다. 그는 문호 개방을 반대하는 쇄국주의자로서 나름의 애국심으로, 못마땅한 벼슬아치는 멱살을 잡아 내동댕이칠 정도로 안하무인이라 감옥에도 드나들었습니다. 이기풍은 외국에서 들어온 선교사들도 배척하고, 기독교도 당연히 증오했습니다.

새뮤얼 모펫 선교사
(1864-1939)

　1893년경 평양에 선교부를 마련하려던 새뮤얼 A. 모펫(S. A. Moffett, 마포삼열) 선교사 등은 당시 포도청 직원들의 공격을 받았습니다. 그때 포졸 중 한 명이 이기풍이었는데, 그가 눈 속에 파묻혀 있던 얼은 솔

방울을 던졌는데 모펫의 턱에 맞아 피가 뿜어져 나왔습니다. 그런데 이 사건이 이기풍의 마음에 남았던 모양입니다.

핍박자였던 이기풍은 청일전쟁 때 원산으로 피신을 갔는데, 거기서 복음을 전하는 스왈른(소안론) 선교사를 보게 됩니다. 그때 자기가 다치게 했던 모펫 선교사가 떠오르면서 양심에 찔림을 받았습니다. 그리고 한 조선인의 "예수 믿으시오."라는 말을 듣고 도대체 예수가 무엇이기에 이토록 야단인가 하면서 심란한 상태로 잠이 들었습니다. 그는 꿈에 이런 음성을 들었다고 합니다.

"기풍아, 기풍아, 왜 나를 핍박하느냐? 너는 나의 증인이 될 사람이다."

온몸이 땀으로 젖은 채 깨어난 이기풍은 회개의 눈물을 하염없이 흘렸습니다. 그리고 그는 새사람이 되어 1896년에 스왈른 선교사로부터 세례를 받았습니다. 그래서 사람들은 그를 평양의 사도 바울이라고도 했습니다.

그는 모펫 선교사의 권유로 1903년에 평양신학교에 입학했습니다. 모펫은 이 신학교의 설

• 평양신학교

립자로 한국 초기 선교에서 빼놓을 수 없는 매우 중요한 인물이었습니다.

이기풍은 평양대부흥이 일어난 1907년에 길선주 목사 등과 함께 평양신학교를 졸업하면서 목사 안수를 받았습니다. 그리고 장로회 독로회에서는 결의를 통해 그를 국내 첫 선교사로 제주에 파송합니다. 이 과정에서 부인 윤함애 사모의 강권과 합력이 큰 역할을 했다고 합니다.

평양에서 전혀 연고가 없는 섬 제주도로 내려간 이기풍 목사가 사역한 1908년부터 1915년까지 7년 동안 직접, 혹은 그의 전도를 받은 공동체가 세운 교회는 10개가 넘었습니다. 실로 큰 결실이었습니다. 이 교회들은 지금의 제주성내교회, 제주성안교회, 금성교회, 한림교회 등으로 이어졌는데, 제주 기독교 투어에 필수 코스로 꼽히는 교회들입니다. 제주 교회들이 부흥하는 과정에서 김재원 장로, 이도종 목사 등이 크게 헌신했습니다.

이기풍 목사는 1차 제주 사역 후 순천 등지로 사역을 나갔다가 12년 뒤 제주성내교회로부터 청빙을 받아 목회활동을 했고, 노년에는 여수의 우학리교회를 섬기던 중 신사참배를 거부하며 고문을 당하다가 병보석으로 석방됐지만, 일주일 뒤인 1942년 6월 20일에 72세로 순교했습니다.

제주성내교회

제주성안교회

금성교회

한림교회

이기풍 목사 제주 선교
100주년 기념비

여수 우학리교회와
이기풍 목사 순교 기념비

제주에는 이기풍순교기념관이 있었지만, 2014년 세월호 사고 후 학생 단체 관람객이 줄어 고전하다가 코로나19로 더 큰 어려움을 맞고 폐쇄한 상태인데, 2025년 7월에 임대 기업이 나타나 비로소 정상화의 계기를 맞았습니다. 또한 여수 우학리교회에도 이기풍목사기념관이 있으나, 독자적 운영의 어려움으로 2024년 매물로 나온 상태입니다.

참고도서 · 자료

1318 신앙 멘토 스쿨(김재욱), 생명의말씀사

만화 장기려(김재욱, 홍선겸), KIATS

한서 남궁억(김재욱, 최현정), KIATS

한국기독교 성지순례 50(김재현, 류명균, 최선화), KIATS

한반도에 울려퍼진 희망의 아리랑(김재현), KIATS

예수로 산 한국의 인물들(전정희), 홍성사

한국 기독교 여성 인물사(정정숙), 베다니

믿음의 흔적을 찾아(편집부), 한국기독교역사연구소

독립운동가 열전 1(신사회공동연합회, 월간 우리길벗), 백산서당

3·1 운동과 기독교 민족대표 16인(편집부), 한국기독교역사연구소

이름 없이 빛도 없이(공병호), 공병호연구소

한국 선교의 개척자(이덕주 외 3인), 한들출판사

그들은 왜 목숨 걸고 조선 땅에 왔을까?(조은설, 신은재), 대성해와비

엘라 아펜젤러가 울린 사랑의 종(Carroll F. Rader, 이원희), JUNE

장기려, 그 사람(지강유철), 홍성사

황성신문 초대 사장 남궁억(정진석), 기파랑

박수근 아내의 일기(김복순), 현실문화

내 아버지 박수근(박인숙), 삼인

박수근 평전 시대공감(최열), 마로니에북스

상록수(심훈), 범우사

그날이 오면(심훈), 더플래닛

필경사: '건축가 심훈'의 꿈을 담은 집(임창복), 효형출판

이상재 평전(전택부), 범우사

유관순 이야기(장종현, 한수임), 웅진주니어

안창호(이태복), 씽크하우스

도산 안창호(이광수), 범우사

훈맹정음 할아버지 박두성(최지혜, 엄정원), 천개의바람

나의 아버지 손양원 목사(손동희), 아가페출판사

순교자 주기철 목사 생애(김충남), 은혜출판사

섬마을 성녀의 고무신 행전(정경진), (재)전남여성플라자

영원한 전도자, 하나님의 사람 문준경(정원영), CESI

최용신, 기억과 계승(한규무 외 4인), 안산시

상록수 최용신 기억 속에서 아시아로 걸어나오다(학술자료), 안산시 외

다산과 남강의 교육사상(이남호), 남해군청

언더우드의 생애, 선교활동, 정신에 비추어 본 기독교대학의 학풍(정종훈), 장신논단

박수근 회화의 기독교적 고찰(서성록), 안동대학교

제주도 초기 교회 형성과정 연구(고민희), 연세대학교 연합신학대학원

이기풍 목사의 선교와 신학(김창현), 한남대학교 학제신학대학원

제주 초기 개신교 역사 연구(이재호), 제주대학교 대학원

인천기독병원 교회가 시작한 100년 사료집1(인천기독병원), 인천기독병원 원목실

기타 언론사, 위키백과 등

페이지별 이미지 출처

19   대한인국민회기념재단, https://buly.kr/EoobG3Y, 글과 사진으로 보는 도산 안창호 가족 이야기, 2017

21   여성신문, https://buly.kr/DPUXPYZ, 3.1절, 샌프란시스코의 도산 안창호를 다시 생각한다, 2021

23   파차파 캠프, https://pachappacamp.ucr.edu/ko/about/, 파차파 캠프 소개

25   시사IN, https://buly.kr/4mdPLdz, 안창호는 거절했다, 임시정부 최고 자리를, 2019

26   뉴스제이, https://buly.kr/44yNQPL, 경기도 광주에 복합 기독문화공간 '히스토리 캠퍼스' 개원, 2025

27   해뜸뉴스, https://buly.kr/44yNQRH, '도산 우체국' 이름 되살리기 적극 나선다, 2022

31   위키백과, https://buly.kr/FWTdBVq, 헨리 아펜젤러

32   선교신문, https://buly.kr/1n4Y98A, 배재학당 본당, 동관, 기숙사 건물의 내력, 2022

33   뉴스앤넷, https://buly.kr/4mdPLpA, 한국교회 선교사 전기 시리즈 "한국 최초의 선교사, 아펜젤러의 생애와 신앙", 2022

34   국민일보, https://buly.kr/612jgj1, 아펜젤러 선교대상 올부터 매년 시상한다, 2021

35   자유일보, https://buly.kr/Gvnh2AX, 고귀한 성품으로 하나님의 사랑을 보여준 한국 근대교육의 개척자, 2024

36   본헤럴드, https://buly.kr/7FS15KG, 아내와 자녀들 모두 한국 선교사로 이끈 아펜젤러 선교사, 2024

38   선교신문, https://buly.kr/58SwmdR, "아펜젤러의 삶과 정신 잊지 않겠습니다", 2021

41   나무위키, https://buly.kr/ESz5Ip9, 오산중학교(서울)

43   독립기념관, https://buly.kr/9XLrq1I, 1920년대, 시대의 빛 독립투사들

44   독립기념관, https://buly.kr/GP3Q5uI, 이승훈

45   충북인뉴스, https://buly.kr/3YE6UOq, 여인의 한(恨), 진달래꽃(3), 2011

46   나무위키, https://buly.kr/8pgputu, 민족대표 33인

47   아이굿뉴스, https://buly.kr/44yNQzZ, "동포를 위해 내가 한 일은 하나님이 하신 것입니다", 2019

48   우리역사넷, https://buly.kr/EI4KKQ2, 정주 오산 학교를 세우고 제자들을 가르친 이승훈(민족 기록화)

49   우리역사넷, https://buly.kr/6ihk9Md, 평안도의 장돌뱅이에서 전국적인 민족 지도자로

50   크리스천라이프 & 에듀라이프, https://buly.kr/AlIAiES, 1931년 11월 29일, 미국 북장로교 선교사 윌리엄 M. 베어드 별세

51   한국관광공사, https://buly.kr/YfDorX, 남강이승훈선생동상
      제주일보, https://buly.kr/Gvnh2oV, 빛 바랜 이승훈 선생 유배지 '씁쓸', 2017

55   문화일보, https://www.munhwa.com/article/11004735, 언더우드家, 고종황제 하사 '寶劍' 연세대에 기증, 2016

57   국민일보, https://buly.kr/AaqPjU8, [한국 기독교 초석 놓은 언더우드] (1) 인도 대신 한국에 첫발, 2014

58   국민일보, https://buly.kr/8IwYytb, [한국 기독교 초석 놓은 언더우드] (6) 언더우드의 교회 설립, 2014

59   한국교육신문, https://buly.kr/8TrJxkN, 문맹퇴치·학교보급… 한국 여성 보편교육에 헌신, 2019

60   연합뉴스, https://buly.kr/6ihk9bo, 근대의학 초석 '세브란스병원' 설립 에이비슨 탄생 160주년, 2020

61   한국성결신문, https://buly.kr/5fDCGjI, 언더우드 서거 100주년 행사 다채, 2016

62   나무위키, https://namu.wiki/w/%EC%9C%A4%EB%8F%99%EC%A3%BC, 윤동주

69   크리스찬타임스, https://buly.kr/1xzHflg, 구 조선, 구한말 미국 선교사 열전 33, 2020
      나무위키, https://buly.kr/1c9li77, 로제타 셔우드 홀

70   의학신문, https://buly.kr/90bauQG, 우리나라 첫 여성병원 보구여관, 2019

72   국민일보, https://buly.kr/BIVRf3r, [母子가 함께 한국선교 문 연 스크랜턴] (11) 스크랜턴의 지방 선교여행, 2015

73   직썰, https://buly.kr/DwEoNNB, 조선 최초의 여의사는 어떻게 탄생했을까, 2015

74   가톨릭신문, https://www.catholictimes.org/article/200607300147261, 제1회 크리스마스 씰 전시회, 2006

75   복음기도신문, https://gpnews.org/archives/923, 3대에 걸친 '조선 사랑' 셔우드 홀 가족 이야기, 2012

76   인천in, https://buly.kr/44yOYFb, 인천에서 시작된 한국 기독교 140년... 부활절에 입국한 아펜젤러, 2025
      나무위키, https://buly.kr/EzjMGRi, 내리교회

81   경기일보, https://www.kyeonggi.com/article/201702220907705, [인천을 빛낸 인물] 박두성 선생, 2017

82   아시아N, https://buly.kr/6MsFeLw, [훈맹정음 창제 박두성②] 1913년 제생원에서 필생의 맹교육 첫발, 2022

84   국립한글박물관 한박웃음, https://buly.kr/AaqPk75, 한글 점자, '훈맹정음'을 아시나요?, 2019

86   에이블뉴스, 송암점자도서관, https://buly.kr/BIVRfOr, 31일 훈맹정음 반포 97주년 기념전 개최, 2023

87   한국교육신문, https://buly.kr/2UjYcdN, 맹인들의 세종대왕 송암 박두성 선생 묘소를 가다, 2012

88   코람데오닷컴, https://buly.kr/44yNS03, 강화기독교역사기념관, 배 타고 세례…선교 역사 품은
      강화도, 2022

93   나무위키, https://buly.kr/15PUm95, 최용신

94   안산시청 최용신기념관, https://buly.kr/EdtqIym, 최용신

97   파이낸셜뉴스, https://buly.kr/B7aggh0, 최용신 미공개 사진들, 기획전 '샘골에서 상록수로', 2022

98   여성신문, https://buly.kr/EoobHqj, 눈빛이 강렬했던 품위 있는 배우, 2014

99   동아일보, https://buly.kr/DwEoNnW, "최용신 강습소는 민족 교육 틈새공간", 2019

100   기독일보, https://buly.kr/7FS2YRV, '세계 유일' 한국기독교순교자기념관, 6월 23일 재개관,
      2022

      민족문제연구소, https://www.minjok.or.kr/archives/96306, 서로 엇갈린 형제의 길, 심우섭과
      심훈, 2018

107   한국민족문화대백과사전, https://encykorea.aks.ac.kr/Article/E0011823, 남궁억

108   홍천뉴스, https://buly.kr/NkSr5I, 제1장 한서 남궁억, 독립운동의 삶, 2015

109   픽사베이, https://buly.kr/H6iS2cS, 무궁화, 대한민국, 한국 이미지

112   주간경향, https://weekly.khan.co.kr/article/15198, 최초의 우표 수집가를 아십니까?, 2007

114   전북중앙, https://www.jjn.co.kr/news/articleView.html?idxno=778245, 무궁화 꽃이 피었습
      니다, 2019

115   오마이뉴스, https://buly.kr/6ihkAbJ, 1910년 종로구 도렴동에 벽돌로 지어진 종교교회, 2016

117   착한 그림 선한 화가 박수근, 공주형, 예경, 2009

119   나무위키, https://buly.kr/1GKFILM, 박수근

120   데일리아트, https://buly.kr/1n4Who1, [길 위의 미술관] 예술사의 현장을 찾아서 : 박수근 ⑤,
      2024

122   착한 그림 선한 화가 박수근, 공주형, 예경, 2009

123   내 아버지 박수근, 박인숙, 삼인, 2020

125   중도일보, https://buly.kr/AllCAdX, 이토록 따뜻한 시선, 사람과 사람을 사랑했노라 박수근, 2016

126   컵뉴스, https://buly.kr/9MR6syI, 강원도 철원 성소기도원, 체험형 수양관으로 변신, 2024
      필그림하우스, https://pilgrimhouse.co.kr/

127   분당우리교회, https://buly.kr/H6iS2tw

133   위키백과, https://ko.wikipedia.org/wiki/%EC%9C%A0%EA%B4%80%EC%88%9C, 유관순

134   우리역사넷, https://buly.kr/5fDCHtv, 근대 여성 교육의 기틀을 세우다

135 노년신문, https://buly.kr/8em4xoC, '대한 독립만세' 주여, 이 소녀에게 용기와 힘을 주옵소서, 2018

137 뉴스M, https://buly.kr/2JoneSR. '제주4.3 진압책임' 조병옥 동상, 상반기 중 철거, 2021

145 국민일보, https://buly.kr/ESz5Km0, 두루마기 차림의 월남, 대쪽같은 기개 고스란히, 2021

146 연합뉴스, https://www.yna.co.kr/view/PYH20190213017800005, 월남 이상재 사진, 2019

148 뉴시스, https://buly.kr/GZyB6aU, 한국야구 최초 시구자, 97년전 월남선생 사진 경매나왔다, 2017

150 더중앙, https://www.joongang.co.kr/article/25149886, 3·1운동 진원지, 조오련 키운 스포츠 성자…개발·보존 숙제, 2023

151 나무위키, https://buly.kr/8em4xvD, 이상재

159 위키백과, https://buly.kr/9iGcqpJ, 문준경

160 국민일보, https://buly.kr/EI4KM2x, "소박 당한 문준경 전도사? 잘못된 사실 바로잡아야", 2020

162 예성총회, https://buly.kr/AllAjkE, 고(故) 영암 김응조 목사 제27주기 추모예배

국민일보, https://buly.kr/FLYsEyM, 전도 백병전·산악전·시가전…예수의 군사로 '부흥 전투' 펼치다, 2019

163 아시아투데이, https://buly.kr/EooblYr, 한국교회 순교신앙 문준경 전도사, 6·25전쟁 때 총살 순교 당해…기독교 민족지도자 열매로, 2015

165 (재)전남여성플라자, 섬마을성녀의고무신행전

166 영광신문, https://buly.kr/HSXy0q1, 4대종교문화유적지 "야월교회 순교영성훈련센터에 가다", 2021

168 방방콕콕, https://bbkk.kr/tour/view/4715, 사랑의 나눔이 무엇인지 알 수 있는 곳 '손양원목사순교기념관'

171 한국기독공보, https://buly.kr/AF0vEMZ, '십자가 사랑'으로 '시대의 아픔' 치유했다, 2020

172 한국사진방송, https://koreaarttv.com/detail.php?number=870, 사랑의원자탄

173 나무위키, https://buly.kr/AaqPl8q, 손양원

174 자유일보, https://buly.kr/FsJ9BdI, 손양원 목사는 두 아들을 죽인 원수를 어떻게 용서했을까, 2022

175 선지자문서선교회, https://buly.kr/6ihkBE4, 손양원 목사님께서 담임하시던 때의 애양원 신풍교회, 2007

179 돌봄여행사, https://buly.kr/E79ZNX3, 손양원목사기념관

185 나무위키, https://buly.kr/GP3Q8RJ, 장기려

187   의협신문, https://buly.kr/CLzzZgx, "장기려 박사님께 진 빚 갚습니다", 2018

188   코람데오닷컴, https://buly.kr/EdtqKJA, 세계가 주목하는 의료체계의 초석, 청십자 의료보험조합, 2020

190   missyUSA, https://buly.kr/D3f1UzB, 장기려 박사의 편지와 부인의 화답, 2018

191   한국관광공사, https://culture.blogsailing.com/m/681, [부산 동래구] 한국기독교선교박물관
       나무위키, https://buly.kr/3NJMdHO, 고신대학교 복음병원

195   위키백과, https://buly.kr/CphtWs, 주기철

196   월간경남, https://buly.kr/BIVRgwN, [듣고 싶은 길] 주기철 목사 성지순례길, 2021

197   산정현교회, http://www.sanjunghyun.kr/main/sub.html?pageCode=2, 한눈에 보는 산정현교회

199   기독신문, https://buly.kr/5UIRK69, [역사기획/신사참배 결의 80주년] (1)한국교회 수치와 회개의
       화두, 신사참배, 2018

200   국민일보, https://buly.kr/DPUXSq6, "십자가 진다는 건 인간이 못 할 일이지만… 지려고만 하면 십
       자가가 인간을 지고 간다", 2023

201   평양대부흥, https://buly.kr/APven9U, [주기철 목사] 골고다의 길, 십자가의 길, 2025

202   가스펠투데이, https://buly.kr/G3DuBHn, 부임 다음날 세상 떠났지만 고귀한 씨앗 뿌린 선교사,
       2018
       조선일보, https://buly.kr/3YE6XNV, 신사 참배 거부 운동, 6·25 구국 기도회… 근현대사 축적된 부
       산 복음의 중심, 2025

203   디지털창원문화대전, https://buly.kr/AaqPm1f, 문창교회
       월간경남, https://buly.kr/BIVRgwN, [듣고 싶은 길] 주기철 목사 성지순례길, 2021
       의성군블로그기자단, https://buly.kr/Gksw6dg, 독립운동가 주기철 목사 수난기념관, 의성군에 개
       관했어요, 2025

204   평양대부흥, https://www.kich.org/news/articlePrint.html?idxno=1780, 준비된 선교사, 이기
       풍, 2008
       나무위키, https://buly.kr/8em4zBa, 사무엘 오스틴 모펫

205   평양대부흥, https://buly.kr/7QMm7V4, 총신 120년의 역사, 신앙, 평가: 평양장로회신학교부터
       총신대학교까지 1901-2021, 2025

206   평양대부흥, https://buly.kr/7QMm7V4, 총신 120년의 역사, 신앙, 평가: 평양장로회신학교부터
       총신대학교까지 1901-2021, 2025

207   제주성내교회 유튜브, https://www.youtube.com/channel/UCXGMkOrWQSFRxecLsK3uyTw
       제주성안교회 페이스북, https://www.facebook.com/jejuseongahn/?locale=ko_KR

제주일보, https://buly.kr/6tcVB9W, 고난의 선교활동.역사의 발자취를 걷다, 2015

제주CBS, https://jjcbs.co.kr/routedata/53077, 한림교회

이지제주, https://buly.kr/612iH6n, 이기풍 선교기념관

여수넷통뉴스, https://buly.kr/6XmzDZR, 한국인 최초 목사 7인 중 한 분인 이기풍 목사, 2016

제주성안교회, https://www.jejuseongahn.org/page/jeju02

사명선언문

너희가 흠이 없고 순전하여……세상에서 그들 가운데 빛들로
나타내며 생명의 말씀을 밝혀 _ 빌 2:15-16

1. 생명을 담겠습니다
만드는 책에 주님 주신 생명을 담겠습니다.
그 책으로 복음을 선포하겠습니다.

2. 말씀을 밝히겠습니다
생명의 근본은 말씀입니다.
말씀을 밝혀 성도와 교회의 성장을 돕겠습니다.

3. 빛이 되겠습니다
시대와 영혼의 어두움을 밝혀 주님 앞으로 이끄는
빛이 되는 책을 만들겠습니다.

4. 순전히 행하겠습니다
책을 만들고 전하는 일과 경영하는 일에 부끄러움이 없는
정직함으로 행하겠습니다.

5. 끝까지 전파하겠습니다
모든 사람에게, 땅 끝까지, 주님 오시는 그날까지
복음을 전하는 사명을 다하겠습니다.

서점 안내

광화문점 서울시 종로구 새문안로 69 구세군회관 1층
02)737-2288 / 02)737-4623(F)

강남점 서울시 서초구 신반포로 177 반포쇼핑타운 3동 2층
02)595-1211 / 02)595-3549(F)

구로점 서울시 동작구 시흥대로 602, 3층 302호
02)858-8744 / 02)838-0653(F)

노원점 서울시 노원구 동일로 1366 삼봉빌딩 지하 1층
02)938-7979 / 02)3391-6169(F)

일산점 경기도 고양시 일산서구 중앙로 1391 레이크타운 지하 1층
031)916-8787 / 031)916-8788(F)

의정부점 경기도 의정부시 청사로47번길 12 성산타워 3층
031)845-0600 / 031)852-6930(F)

인터넷서점 www.lifebook.co.kr